Kindsein ohne Druck

AUTONOME   PROVINCIA
PROVINZ   AUTONOMA
BOZEN   DI BOLZANO
SÜDTIROL   ALTO ADIGE

Deutsche Kultur

Die Drucklegung dieses Buches wurde ermöglicht durch
die Südtiroler Landesregierung / Abteilung Deutsche Kultur.

Psychologin **HEIKE TORGGLER**

KINDSEIN OHNE DRUCK

Wie ich meinem Kind bei Stress, Leistungsdruck und Krisen helfe

 ATHESIA VERLAG

Für Eltern und alle, die Kinder auf ihrem Lebensweg begleiten

99 Nur was das Herz berührt, gräbt sich in den Verstand ... 66

Inhalt

12 Stressen Sie Ihre Kinder?

14 Stellen Sie sich ein Leben ohne Stress vor ...

17 Sicherer Hafen: Emotionale Geborgenheit

Leistungsunabhängig lieben 17

Echt in Beziehungen sein 23

Eigene Grenzen achten 26

Kindern auf Augenhöhe begegnen 29

Gemeinsam Gefühle surfen 31

Miteinander die Seele baumeln lassen 35

Kinderfreundschaften hegen und pflegen 37

Von Tieren lernen 39

45 Blick in den Spiegel: Werte, Einstellungen und Lebensstil

Glücksforscher werden 46

Leistungsorientierung dosieren 48

Stressoren betrachten 50

Gut für sich selbst sorgen 53

Giraffensprache lernen 55

Überzeugungen hinterfragen 58

Chaos lieben lernen 60

Den Terminkalender frei machen 62

Digitale Auszeiten genießen 65

Gesund und genussvoll miteinander speisen 68

Erholsam schlafen 71

In Bewegung bleiben 74

Mit Musik in Stimmung kommen 76

Mut zur Kreativität schöpfen 78

Wellness für die Sinne 80

Lachen, spielen und Unsinn machen 82

87 Funken der Begeisterung: Potenzialentfaltung

Neugier entfachen 87

Wachsen lassen 90

Motivation ankurbeln 93

Motivationskiller erkennen 95

Potenziale entdecken 98

Dynamisches Selbstbild entwickeln 101

Gestaltungsräume schaffen 103

Auf Belohnung und Bestrafung verzichten 105

Anerkennung ausdrücken 108

Mental stärken 110

Zivilcourage lernen 113

117 Hürdenlauf: Kleine und große Hindernisse im Leben

Selbstwirksamkeit erleben 117

Mit Fehlern clever umgehen 120

Chancen in der Krise finden 122

Seelische Not ernst nehmen 125

Auffälliges Verhalten verstehen 127

Empathie entwickeln 130

Ängste überwinden 132

Dem Tod begegnen 136

Resilienz festigen 138

Achtsamkeit praktizieren 140

Emotionale ERSTE HILFE 142

Psychohygiene lernen 145

Gemeinsam neue Wege gehen 148

154 Schlusswort

155 Quellen und Literaturempfehlungen

Stressen Sie Ihre Kinder?

Ich schon ... manchmal.
Meine Kinder beschweren sich dann,
und das zu Recht.
Sie beherrschen die hohe Kunst,
genau dann langsam zu werden,
wenn in mir der Wirbelsturm der Eile
und Erwartungen brodelt.
Ihre Langsamkeit zwingt mich zum Innehalten,
sie schenkt uns Zeit und Raum für Achtsamkeit.
In guten wie in schlechten Zeiten
ein so wertvolles Geschenk.

*Danke an Zoe und Lia, meine geliebten Kinder
und geduldigsten Lehrmeisterinnen*

Was brauchen Kinder, um sich möglichst glücklich entfalten zu können?
Abgesehen von erfüllten Grundbedürfnissen gar nicht so viel, aber davon manchmal mehr ...

Vor allem brauchen sie Eltern, die ...
- für ihr Wohlbefinden sorgen, sie bedingungslos lieben, ihnen Geborgenheit, Sicherheit und Halt geben;
- ab und zu selbst mutig in den Spiegel blicken, ihren Lebensstil und eigene Erwartungshaltungen überdenken;
- die Funken der Begeisterung und Potenziale ihrer Kinder mitentfachen und sie dabei vor wachstumshemmendem Druck oder ungesunden Grenzüberschreitungen schützen;
- Zuversicht vermitteln und ihnen vorleben, wie sie Herausforderungen, Niederlagen und Krisen meistern können.

Stellen Sie sich ein Leben ohne Stress vor ...

Bei der Vorstellung eines komplett stressfreien Lebens atmen Sie vielleicht zunächst entspannt auf. Gleichzeitig taucht vermutlich die Vorahnung auf, dass dies todlangweilig wäre. Ja, die Freude an neuen Herausforderungen, das kunterbunte Familienleben, der Nervenkitzel, wenn Sie an Ihre Grenzen gehen, das Aufgehen im erfüllten Tun, die schönen Überraschungen im Leben ... Auch das erleben wir mitunter als Stress und erfreuen uns daran.

Problematisch wird Stress dann – und das ist wissenschaftlich mittlerweile gut erforscht –, wenn wir Situationen oder Anforderungen als negativ, belastend und überwältigend erleben oder das erhöhte Stresslevel in einen Dauerzustand mündet. Die verschiedenen Facetten von Stress und Angstzuständen gehören auch zum Alltag von Kindern. Es liegt an uns Erwachsenen, Überforderung zu erkennen, Kinder vor einer schädlichen Dosis Stress zu schützen und sie in ihrer Persönlichkeitsentwicklung zu stärken. Manche stressreichen Erfahrungen im Leben lassen sich nicht vermeiden, aber in einem schutzgebenden Hafen werden sie leichter ertragen und überwunden.

„Was Hänschen nicht lernt, lernt Hans nimmermehr!" So lautet die weitverbreitete Meinung, wenn es um Frühförderung geht. Tatsächlich lernen jüngere Kinder u. a. nachweislich leichter Sprachen oder gewisse Sportarten und profitieren von frühem Musikunterricht.

Viele Eltern sind bestrebt, diese frühen Entwicklungsfenster zu nutzen, oder möchten Ihren Kindern das ermöglichen, was ihnen selbst einst verwehrt blieb. Außerdem sind manche Kinder so vielseitig interessiert, dass sie an allen nur erdenklichen Kursen teilnehmen möchten. Demnach gleichen manche Terminkalender von Kindern jenen von Top-Managern.

Um irgendwann zur Weltklasse bestimmter Bereiche zu gehören, ist eine frühe Talentförderung tatsächlich notwendig. Wenn dies das Ziel und die Passion Ihres Kindes ist, dann wollen Sie es vielleicht auf diesem Weg begleiten und setzen alles daran, dass Ihr Kind bestmöglich gefördert wird.

Es ist dabei eine sehr verantwortungsvolle Aufgabe für uns Eltern, dafür zu sorgen, dass Kinder nicht nur fachgerecht ausgebildet, sondern auch von pädagogisch kompetenten, fürsorglichen und zugewandten Menschen begleitet werden. Wenn Ihr Kind als Ganzes wahrgenommen wird und seine Bedürfnisse und Grenzen respektiert werden, ermöglicht dies eine gesunde Potenzialentfaltung.

In meiner psychologischen Praxis erlebe ich häufig die Schattenseiten einer frühen einseitigen Förderung. Körperliche Beschwerden, Motivationsverlust, Leistungsdruck und mangelnde freie Zeit erleben viele Kinder und Jugendliche als sehr belastend. Außerdem identifizieren sie sich manchmal so sehr mit ihrer Rolle als Sportler, Musiker, Klassenbester usw., dass für sie ein Stück Welt zusammenbricht, wenn sie mit Misserfolgen und Krisen konfrontiert sind.

Dieses Buch versteht sich nicht als Bedienungsanleitung für ideale Förderung oder ein reibungsloses stressfreies Zusammenleben. Genauso wenig habe ich die Elternweisheit mit dem Löffel gefressen – begebe mich selbst ab und an auf Irrwege wie die allermeisten Menschen, die Kinder ein Stück ihres Lebens begleiten dürfen. Auch Eltern scheitern manchmal an ihrer eigenen Erwartungshaltung, das erlebe ich in der Praxis sogar sehr oft. Versuchen Sie erst gar nicht, es perfekt zu machen! Kinder brauchen keine perfekten Eltern, aber Eltern, die respektvoll mit ihnen umgehen, aus ihren eigenen Fehlern lernen und so mit ihren Kindern wachsen. Entnehmen Sie dieser kleinen Ideenkiste daher auch nur das, was Ihnen gerade im Moment gut und nützlich erscheint.

An welcher Stelle Sie dieses Buch auch immer aufschlagen mögen, ich wünsche Ihnen ein anregendes Lesevergnügen.

Heike Torgler

Sicherer Hafen: Emotionale Geborgenheit

Das Vertrauen in die Versorgung, das Gefühl von Geborgenheit und die bedingungslose Liebe sind Grundbausteine für die Entwicklung von Resilienz und einem erfüllten inneren Erleben.

Leistungsunabhängig lieben

Natürlich lieben Sie Ihr Kind, aber immerzu und jederzeit? Auch wenn es bockt, nervt, sich in Ihren Augen unmöglich benimmt, Ihre Erwartungen in keinster Weise erfüllt und Sie es am liebsten auf den Mond wünschen?

Vielleicht gehören auch Sie zu den Eltern, denen in diesen Momenten das Herz vor Liebe nicht sichtbar übergeht, und trotzdem lieben Sie Ihr Kind innig. Das emotionale Band, das Eltern mit ihren Kindern verbindet, scheint auf einer tieferen Ebene angesiedelt zu sein; eine Verbindung von Herz zu Herz, robust genug, auch Auseinandersetzungen und schwierigen Momenten zu trotzen. Dieses Band wird über liebevolle Gesten und fürsorgliches Verhalten vonseiten der Eltern Tag für Tag gestärkt. Kinder fühlen sich demnach wenig geliebt, wenn sie ständig verbessert und kritisiert werden. Jedes zugewandte Lächeln, jeder anerkennende Blick, jede achtsame Berührung kann hingegen Ausdruck von Elternliebe sein.

Es gibt unterschiedliche Formen der Liebe, Erich Fromm unterschied zwei Arten der Elternliebe. Leistungsabhängige Liebe erleben Kinder dann, wenn wir unsere Zuneigung in Situationen zum Ausdruck bringen, in denen sie unsere Erwartungen erfüllen, wertvolle Hilfe leisten oder tolle Erfolge erzielen. Bedingungslose Liebe erfahren sie hingegen, wenn sie sich geliebt fühlen, ganz unabhängig davon, was sie tun. Hier steht das SEIN im Vordergrund – nicht das TUN.

Viele Eltern betrachten die bedingungslose Liebe als selbstverständlich und naturgegeben. Das scheint auch so zu sein; um stetig zu wachsen, braucht sie jedoch auch Pflege.

Wie ging es Ihnen damals beim Anblick Ihres friedlich schlafenden Neugeborenen? Vielleicht haben Sie sich einfach nur über die Existenz dieses wunderbaren kleinen Wesens gefreut. Manchmal mischen sich zur Freude auch Ängste, Sorgen, das Gefühl der Überforderung ... und dennoch knüpft sich in der Regel das Band der Liebe sehr rasch und bedingungslos. Je größer die Kinder werden, umso mehr scheinen Eltern sich auf das Verhalten zu konzentrieren, Fortschritte zu würdigen und unangebrachtes Benehmen zu tadeln. Die bedingungslose Liebe rückt meist etwas in den Hintergrund. So kann es zwar vorkommen, dass täglich Sätze wie „Ich liebe dich, mein Schatz. Bis später!" fallen, die Liebesbotschaft aber nicht viel mehr als eine Worthülle bleibt. Ob Kinder die bedingungslose Liebe tatsächlich spüren, hängt vielmehr davon ab, wie sehr Eltern selbst Zugang zu ihrer Gefühlswelt haben und sich Zeit gönnen, echte Zuneigung wahrzunehmen und diese auszudrücken.

Hinzu kommen die Fragen: Empfindet Ihr Kind überhaupt das, was Sie als Ausdruck von Liebe betrachten, auch so? Was empfindet Ihr eigenes Kind als liebevoll? Wahrscheinlich sind es nicht die Pausenbrote, die Sie hingebungsvoll streichen, die Wäscheberge, die Sie bügeln, den Shuttle-Service, den Sie leisten, oder das neue Smartphone, sondern eher die Herzenswärme, die es spürt, wenn es bei Ihnen auf dem Schoß sitzt, Ihre Zuwendung, wenn Sie ihm wirklich Aufmerksamkeit schenken. Oder doch auch das Erstere? Vermutlich schon, denn das ist die leistungsabhängige Liebe. Ihr Kind liebt

Sie auch dafür, dass Sie seine Erwartungen erfüllen. Doch wären Sie nicht enttäuscht, wenn das alles wäre?

Wer freut sich nicht, wenn eigenes Engagement und gute Leistungen Anerkennung finden. Nichtsdestotrotz scheitern viele Beziehungen genau deshalb, weil sie nur auf leistungsabhängiger Wertschätzung, Attraktivität oder materiellem Status beruhen. Auch die meisten Erwachsenen wünschen sich, in ihrer ganzen Persönlichkeit angenommen und geliebt zu werden, ohne ständig Großartiges leisten zu müssen. Aber viele von uns Großen laufen selbst fleißig im Hamsterrad der Leistungsgesellschaft.

In der Begleitung von Familien merke ich, dass Eltern sich oft unbehaglich fühlen, wenn sie merken, dass sich aufgrund ihrer Erwartungshaltungen die Beziehung zum Kind verändert. Im Anschluss an einen meiner Vorträge meinte ein Vater: „Mein Sohn ist ein so talentierter Läufer, er könnte locker Rennen gewinnen, weil er zu den Besten seiner Altersklasse gehört. Aber vor den Rennen ist er immer so aufgeregt. Neulich bat er mich vor dem Start, nicht von ihm enttäuscht zu sein, wenn er nur Vierter werden würde."

Tatsächlich haben viele Kinder und Jugendliche diese Empfindung. Sie fühlen sich besonders dann als wertvolle Töchter oder Söhne, wenn sie die Erwartungen ihrer Eltern erfüllen. Sie wollen ihre geliebten Eltern keinesfalls enttäuschen. So verinnerlichen sie rasch Leistungsdruck, ohne dass Eltern ihnen diesen bewusst oder gar beabsichtigt auferlegen. Auch in vielen Schulen und Vereinen erfahren leistungsstarke Kinder besondere Aufmerksamkeit.

In der Begleitung von Jugendlichen erfahre ich immer wieder, wie leer und wertlos sie sich fühlen, wenn ihre Anstrengungen nicht von Erfolg gekrönt sind. Auch dann, wenn alles Übrige im Leben rosig wirkt und, von außen betrachtet, kein großer Druck auf ihnen zu lasten scheint. Sie haben sich selbst nur dann lieb, wenn sie ihrem Leistungsideal entsprechen. Ansonsten sind sie am Boden zerstört, erleben sich als wertlos und sehen im schlimmsten Fall nur mehr das eigene Scheitern.

Schenken Sie Ihrem Kind daher bewusst auch Aufmerksamkeit und Zuneigung in Momenten, in denen es gerade nichts leistet, sondern einfach nur IST. Ganz besonders wertvoll sind die Momente des Einschlafens und Aufwachens. Gelingt es, Kindern in diesen Momenten das Gefühl zu vermitteln, geliebt zu werden, entwickeln sie ein inneres Wohlgefühl, zu dem sie auch in späteren Jahren noch guten Zugang finden können. So romantisch das klingen mag, es gibt nichts, das die Bindung und das Selbstwertgefühl besser stärken kann als bedingungslose elterliche Liebe und Zuwendung. Kinder und Jugendliche, die sich in ihrem Umfeld gut aufgehoben und geliebt fühlen, meistern auch Krisen leichter.

REFLEXION

Beobachten Sie, wie Sie leistungsunabhängige Zuneigung und Wertschätzung spüren und ausdrücken – sich selbst, Ihrem Partner oder Ihrer Partnerin und Ihrem Kind gegenüber. Wie sieht es hingegen mit eigenen Erwartungen, Ansprüchen und Bedingungen aus … welchen Einfluss haben diese auf Ihre Beziehungen und Ihr Stressempfinden?

SICHEREN HALT SPÜREN

Als Kind hatte ich es faustdick hinter den Ohren. Mit den Kindern aus der Siedlung habe ich freche Streiche gespielt, Banden gegründet und die Nachbarn geärgert. Ich war die Jüngste im Bund und wollte mit den großen Jungs mithalten, sie waren meine Vorbilder. Zu Hause gab es manchmal mächtig Ärger, Sanktionen und Hausarrest, als ich von den Streifzügen und Schandtaten heimkehrte. Wurde ich deswegen keine Kriminelle?
Sicher war es kein schönes Gefühl, mit Angst und schlechtem Gewissen nach Hause zu gehen, aber das war es nicht, was mich

von weiteren Streichen abhielt. Meinen Eltern verheimlichte ich damals sehr viel, und eine vertrauensvolle Beziehung entwickelte sich erst Jahre später.

Aber es gab damals einen Ort, an dem ich mich sicher fühlte. Alle Kinder in der Siedlung mochten sie sehr: Rosa. Sie war der sichere Hafen …, bei ihr wurden wir in den Arm genommen, gesehen und gehört. Hatten wir auch noch so schlimme Sachen angestellt, sie war für uns da und wurde zu meinem Vorbild in Sachen Einfachheit, Warmherzigkeit und Dankbarkeit.

So ist das Erleben von sicheren und verlässlichen Beziehungen wesentlich für eine gesunde psychische Entwicklung der Kinderseele. Das Vertrauen in die Bindung zu den Eltern entwickelt sich durch all die vielen Interaktionen, die Kinder vor allem im ersten Lebensjahr erleben. Dass ab und zu kurze Bindungsbrüche wie wütende, enttäuschte oder entsetzte Reaktionen der Eltern vorkommen, ist dabei völlig normal. Allerdings kommt es auf die Häufigkeit an und vor allem darauf, dass wir trotzdem respektvoll mit dem Kind umgehen und sicheren Halt bieten. Jegliche Form von emotionaler oder körperlicher Gewalt hat verheerende Auswirkungen. Heute noch gibt es Eltern, die meinen, dass die eine oder andere Ohrfeige notwendig wäre. Einmal hörte ich eine Großmutter zum verärgerten Enkelkind sagen: „Wenn du so ein Gesicht machst, dann mag ich dich nicht mehr!" Solche Verhaltensweisen versetzen junge Menschenkinder nicht nur in Angst und Schrecken, sie beginnen auch an sich selbst zu zweifeln. Sie entwickeln dabei oft das Gefühl, NICHT OKAY zu sein.

Jedenfalls entwickelt sich eine sichere Bindung dann, wenn das Kind zuverlässige einfühlsame Zuwendung erfährt, sobald es diese braucht. Zufriedenstellend genährt, wohlwollend gehalten und in der Not prompt beruhigt zu werden, sind lebenswichtige Erfahrungen für den Säugling. Aus der Stress- und Traumaforschung wissen wir heute, dass diese Erfahrungen Voraussetzung dafür sind, dass sich Gehirn und Nervensystem vollständig und gesund entwickeln.

Entscheidend ist, dass Eltern sich selbst beruhigen können, sodass sie emotional zugewandt auf das Kind eingehen können. So gelingt es manchen Eltern nicht leicht, ihr Kind zu trösten, wenn es sich verletzt hat, sondern sie schimpfen in ihrem Ohnmachtsgefühl mit dem Kind. Außerdem gibt es Situationen wie bei Unfällen oder emotionalen Ausbrüchen, in denen es tatsächlich schwerfällt, Ruhe zu bewahren. Dann hilft es, weitere Personen zur Unterstützung hinzuzuholen. Kinder laufen auch in Konfliktsituationen intuitiv meist zu dem Elternteil, das gerade weniger aufgebracht wirkt.

Was passiert, wenn der sichere Halt fehlt? Kinder, Jugendliche und Erwachsene, die in überfordernden oder stressreichen Situationen alleine gelassen wurden, haben u. a. häufiger Schwierigkeiten in der Selbstregulation, verspüren immer wieder innere Leere, erleben manchmal starke Wut, Angst oder Ohnmachtsgefühle, auch wenn sie sich nicht in Lebensgefahr befinden. In der Begleitung erlebe ich immer wieder, dass diese Gefühle durch Suchtverhalten kompensiert werden. Gleichzeitig verspüren die Betroffenen den starken Wunsch, sich selbst besser regulieren zu lernen, mehr in Kontakt mit sich selbst und dem Umfeld zu sein, weniger zu grübeln und vor allem den Schlüssel zu finden, welcher zum Erleben von innerer emotionaler Geborgenheit führt.

In der Praxis und Forschung zeigt sich: Sichere Bindungserfahrungen tragen dazu bei, dass junge Menschen mehr Ausdauer, eine höhere Frustrationstoleranz und Kooperationsbereitschaft zeigen – und aufgrund des spürbar guten familiären Rückhalts weniger Leistungsdruck verspüren.

Für Eltern, die in ihrer Kindheit selbst wenig Zuverlässigkeit, emotionale Wärme und sicheren Halt erfahren haben, ist es oft eine Herausforderung (besonders in stressreichen Phasen), ihren Kindern genau das zu geben. Das hängt damit zusammen, dass die frühen Bindungsmuster für gewöhnlich bis ins Erwachsenenalter getragen werden. Demnach tendieren wir zum Bindungsstil, den wir in frühster Kindheit selbst erlebt haben. Waren Bindungspersonen uns gegenüber ambivalent, vermeidend, unberechenbar bis verletzend, dann tun wir uns selbst schwerer, stabile sichere Bindungen einzugehen.

Die Erfahrung von Verlässlichkeit und Geborgenheit in Beziehungen kann zu neuem Selbsterleben führen und ermöglicht die Entdeckung der wahren Liebe zu sich selbst. Doch auch in jeder späteren Beziehungserfahrung liegt die Chance, Sicherheit und Vertrauen neu zu entdecken. So staune ich immer wieder darüber, welche Wunder die Liebe vollbringen kann.

REFLEXION

Denken Sie an die Menschen in Ihrem Leben, die Ihnen besonders viel Halt und Geborgenheit gegeben haben. Wer sind oder waren diese Menschen? Was zeichnet diese Menschen aus? Was wollen Sie von diesen wertvollen Erfahrungen Ihren Kindern weitergeben?

Echt in Beziehungen sein

„Sitz gerade!", „Halte die Gabel richtig und schmatze nicht so …", „Wie war das Zauberwörtchen noch mal?", „Grüße und schaue die Leute dabei an!", „Teilt freundlich miteinander!", „Zapple nicht so rum!", „Sei doch nicht traurig, mein Schatz, ist ja nichts passiert."

Es ließen sich ganze Seiten füllen mit den beliebtesten pädagogisch „wertvollen" elterlichen Anweisungen – mal streng, mal überaus verständnisvoll, mal sarkastisch usw. Ihr Kind schreibt unter Umständen sogar gerne die persönliche Hit-Sammlung für Sie zusammen. Mit einer Portion Humor können Sie gemeinsam darüber schmunzeln.

Der renommierte dänische Familientherapeut J. Juul hat es immer wieder auf den Punkt gebracht. Kinder brauchen keine Eltern, die ihre Rolle perfekt spielen, sondern echte Eltern. Eltern, die ehrlich sagen, was sie mögen und was nicht, was ihnen gefällt und was nicht. Keine idealen Eltern, aber Eltern, die sagen, was sie empfinden, die Verantwortung für ihre eigenen Gefühle und Verhaltensweisen übernehmen. Kinder lernen so, dass auch sie so sein dürfen, wie sie sind. Sie merken, dass sie sich nicht verstellen müssen.

Ihr Kind soll zu einem selbstbewussten, gebildeten, hilfsbereiten und einigermaßen vernünftigen Erwachsenen heranreifen? Tatsächlich ist das eher ein Reifungs- und Beobachtungsprozess als Erziehungserfolg – demnach könnten Eltern beruhigt sein, denn Kinder beobachten elterliches Verhalten und imitieren es weitgehend. Es stellt sich mehr die Frage, ob wir uns selbst ausreichend vorbildhaft verhalten.

Oft staune ich darüber, wie stark die Versuchung bei Erwachsenen ist, Kinder und Jugendliche zu disziplinieren. Daraus ergeben sich spannende Diskussionen mit Eltern. Gemeinsam versuchen wir dann herauszufinden, wie viel Disziplin (sinngemäß aus dem Lateinischen: *disciplīna* „Lehre, Zucht, Schule") ein Kind wirklich braucht, um ausreichend Selbstdisziplin und gesellschaftliche Anpassungsfähigkeit zu entwickeln, andererseits aber Kreativität, Potenzial und Querdenken ebenso entfalten zu können.

Natürlich braucht es ein gewisses Maß an Ordnung, Struktur und Regeln. Aber ertappen Sie sich auch dabei, wie Sie tagtäglich leierhaft dieselben Befehle geben? Und trotzdem bleibt die Jacke am Eingang liegen, das Badezimmer überflutet, das Handy abends eingeschaltet … Braucht es wirklich so viel Anstrengung, Wiederholung und Standhaftigkeit? Aus der Gedächtnisforschung wissen wir: Die Wiederholung macht es aus … aber eben auch nur, wenn uns etwas berührt, interessiert oder wichtig erscheint.

Kinder nehmen bestens wahr, was Eltern wirklich wichtig ist, und demnach ignorieren sie oft meisterlich, wenn wir halbherzige Anweisungen aus der Erzieherrolle geben – diese können dann zwar lautstark ausfallen, die Wirkung bleibt jedoch von kurzer Dauer. Wie oft kämpfen Sie für etwas, weil es sich so gehört?

Stellen Sie sich folgende Situation vor: Es ist ein nasstrübes Wochenende, Sie sind im angenehm warmen Zuhause, ganz entspannt … Ihre Kinder tanzen durch die Wohnung, im Hintergrund läuft Musik. Weihnachtsmusik, obwohl gerade eben die ersten Blätter von den Bäumen fallen. Sie sind belustigt, erfreuen sich aber an der gemütlichen Stimmung. Dann läutet es, der Besuch ist da, etwas früher als erwartet. Sie bitten Ihre Kinder, umgehend die Musik abzuschalten, das Spielzeug aufzuräumen, die Gäste freundlich zu begrüßen. Es wird hektisch, obwohl es gerade noch so urgemütlich war. Beim Essen zappeln die Kinder herum, Sie erinnern sie immer wieder an die Tischmanieren und verlangen, dass Sie sitzen bleiben … alles ziemlich anstrengend und die gute Stimmung futsch. Und was wäre gewesen, wenn sich die Gäste an der Weihnachtsstimmung miterfreut hätten? Zur Begrüßung vielleicht nur einen kurzen Blickkontakt oder im besten Fall ein Lächeln geschenkt bekommen hätten? Das Geplänkel bei Tisch mit einer Portion Humor mitverfolgt hätten?

Versuche, Kinder nach gesellschaftlichem Ideal zu erziehen, scheitern meist kläglich. Außer Sie greifen in Ihrer Ohnmacht zu Bestrafung und Belohnung, denn das funktioniert kurzfristig. Besonders Liebesentzug mag für kurzfristigen Erfolg sorgen, langfristig nimmt die Beziehung dadurch allerdings Schaden.

Häufig laufen Zurechtweisungen im Autopilotmodus ab. Eltern sind von ihren eigenen Ermahnungen oft mehr genervt als die Kinder. Der innere Konflikt zwischen eigener Intuition und dem Maßstab für sozial angemessenes Verhalten führt rasch zu innerlichen und äußerlichen Spannungen. Spannungen, die wir verhindern können, wenn wir spüren, was wir selbst brauchen, um es gut miteinander zu haben.

Überlegen Sie, was Ihnen wirklich wichtig ist, falls Sie bemerken, dass Sie Ihre Kinder mehr „dressieren" als notwendig. Beobachten Sie auch, ob und wie sich Ihr eigenes Verhalten dem Kind gegenüber im Beisein anderer Erwachsener verändert. Gefällt Ihnen die Rolle, die Sie spielen?

Eigene Grenzen achten

Nur wer eigene Grenzen spürt, kennt und achtet, kann sich wirksam vor Überlastung schützen. Das gilt sogar oder erst recht für Eltern und sehr leistungsorientierte Artgenossen. Die Kinder steigen meist in unsere Fußstapfen.

Natürlich kommt es vor, dass wir als Eltern in der Nacht für unsere Kinder aufspringen, obwohl wir lieber liegen bleiben würden, oder den Nachwuchs von A nach B bringen, obwohl wir nach einem anstrengenden Tag lieber die Beine auf der Couch hochlegen würden. Aber dauernd und ewig halten das nicht einmal die vorbildlichsten Eltern durch. Spannenderweise spüren Kinder oft vor den Eltern, wann das Limit erreicht ist, und kooperieren plötzlich auf wundersame Art und Weise. Oder wir verausgaben uns immer weiter, bis das Erschöpfungs- oder Frustrationslevel unerträglich wird. Überschreiten Sie immer wieder Ihre eigenen Grenzen, in der Arbeit, in der Beziehung oder wenn Ihre Kinder etwas von Ihnen brauchen? Ist das wirklich immer notwendig und gesund?

Wenn wir möchten, dass unsere Kinder später für sich einstehen, nicht alles mitmachen, aber auch den Mut aufbringen, Grenzübertretungen anzusprechen, dann sind weder ein autoritärer noch ein Laisser-faire-Erziehungsstil ideale Vorzeigemodelle.

Viele meinen, Grenzen setzen und disziplinieren wären das Gleiche. Das sehe ich anders. Kinder brauchen Grenzen, aber keine disziplinierenden Strafen. Manche denken, ohne diese würden die Kinder einem auf der Nase herumtanzen oder sich gar in kleine Tyrannen verwandeln. Das ist allerdings gar nicht der Fall, wenn wir, statt Kindern Grenzen zu setzen, öfter unsere eigenen kommunizieren. Wenn ich meinen Kindern beispielsweise „Mir ist es zu unordentlich" oder „Ich finde es zu laut" sage, reagieren sie darauf völlig anders, als wenn ich sie zum Leisesein ermahne oder ein Aufräumkommando erteile. Beim Grenzensetzen geht es demnach gar nicht um die Macht des Stärkeren, sondern in erster Linie um das Respektieren von Bedürfnissen, Schutz und Sicherheit.

Können Sie sich daran erinnern, als sich Ihr Kind im zweiten Lebensjahr voller Entdeckerfreude auf den Weg machte: Schubladen plündernd, auf Stühle kletternd, die Hände im Kochtopf, das Gras im Mund ... das Kind zwar mitten in der Wortschatzexplosion, während aus Ihrem Mund vor allem ein Wort tönte: „NEIN!" Was die große Versuchung nach neuen Erkundungen wahrscheinlich wenig schmälerte. Sofern Sie Ihr Kind damals nicht in einen sicheren Käfig gesperrt hatten, ließen Sie es vermutlich kaum aus den Augen, haben es vor allerlei Gefahren beschützt. Mittlerweile haben Sie vielleicht eine Jugendliche oder einen Jugendlichen zu Hause, welche sich das Ausschwärmen in der Nacht oder die Entdeckung der großen weiten Welt zur Aufgabe gemacht haben. Vermutlich wollen Sie wissen: Wohin? Wie lange? Mit wem?

In der Begleitung von Heranwachsenden dreht es sich laufend um die Fragen: Wie viel Sicherheit braucht mein Kind? Und wie viel Freiheit kann ich ihm zumuten bzw. erlauben? Eltern kommen nicht darum herum, sich mit Grenzen zu befassen. Vielen Eltern widerstrebt es jedoch, Kindern ständig Einhalt zu gebieten und sie auf Regeln und Gefahren aufmerksam zu machen. Auch hier lohnt es sich, sich für wenige Regeln zu entscheiden, die Ihnen persönlich wirklich am Herzen liegen, und diese je nach Entwicklungsstand mit dem Kind neu zu verhandeln.

Dieser Weg wird weniger anstrengend, wenn Sie als Eltern Ihre eigenen Grenzen gut spüren und diese klar kommunizieren. Kinder kooperieren sichtlich öfter, zeigen mehr Einfühlungsvermögen und lernen, ihre eigenen Grenzen besser zu spüren, wenn Eltern ihre eigenen Bedürfnisse und Wünsche immer wieder veranschaulichen.

DIE GESCHICHTE DER SCHLANGE

Am Straßenrand in der Nähe eines Dorfes lag eine junge Schlange. Sie langweilte sich und fühlte sich einsam. Als ein weiser Mann vorbeispazierte, klagte sie ihm ihr Leid. Sie fühle sich so allein, niemand spiele mit ihr, die Menschen hätten alle so große Angst vor ihr. Der Weise empfahl ihr, die Menschen nicht mehr zu beißen. Die Schlange nahm sich den Rat zu Herzen und schlängelte sich ins Dorf. Schon bald erkannten die Menschen, dass sie harmlos war. Die Kinder begannen mit ihr zu spielen, sie um den Stock kreisen zu lassen, und schließlich hüpften und trampelten sie auf ihr herum. Am Ende verzog sich die Schlange wieder in ihren Straßengraben – zerschunden und erschöpft. Es dauerte nicht lange, und der Weise kam wieder des Weges. Die Schlange erzählte von ihren Erfahrungen im Dorf, schwärmte vom gemeinsamen Spiel mit den Kindern. Vielleicht hätten sie es auch ein bisschen zu weit getrieben, aber sie hätten es sicher nicht böse gemeint. So nahm sie ihre Peiniger in Schutz. Doch der Weise, der aufmerksam ihrer Erzählung gelauscht hatte, durchschaute die Lage und meinte zur Schlange: „Ich hatte dir gesagt, dass du nicht mehr beißen sollst. Dass du nicht mehr zischen sollst, hatte ich nicht gesagt!"

REFLEXION

Vielleicht kennen Sie dieses Verhalten von sich selbst. In welchen Situationen neigen Sie dazu, sich widerstandslos ausnutzen und respektlos behandeln zu lassen? Wann drücken Sie ganz klar Ihre Grenzen aus? Oder fühlen Sie sich manchmal angegriffen und verteidigen sich, obwohl es gar nicht notwendig wäre?

Kindern auf Augenhöhe begegnen

Würden Sie gerne einer Tante einen Kuss auf die Wange drücken, wenn Ihnen gerade nicht danach ist? Würden Sie folgen, wenn Ihr Partner Sie nach der dritten Ermahnung in Ihr Zimmer verschickt? Würden Sie sich von Ihrer Vorgesetzten anbrüllen und Ihre Arbeit aus der Hand reißen lassen?

Wahrscheinlich würden auch Sie sich in solchen Situationen weigern, schützen und wehren. Zu Recht! Derartige Aufforderungen und Verhaltensweisen sind eindeutig grenzüberschreitend und verletzend. Trotzdem müssen Kinder immer noch diese Erfahrungen machen: Sie werden herumkommandiert, gehätschelt und bestraft, auch wenn ein wertschätzender respektvoller Umgang mittlerweile in aller Munde liegt.

Solange Kinder nicht für voll genommen und als gleichwürdige Menschen geachtet, sondern immer wieder wie Objekte behandelt werden, sind wir von einer Begegnung auf Augenhöhe weit entfernt. Speziell, wenn Erwachsene sich ohnmächtig und überfordert fühlen, greifen sie mitunter in ihrer Verzweiflung zu Machtmitteln, um ihren Willen durchzusetzen. Das gilt besonders für Eltern und Pädagogen, die in ihrer Kindheit selbst so behandelt und gezüchtigt wurden. Bei ihnen fällt die Stressreaktion oft abrupter und intensiver aus, demnach reagieren sie impulsiv. Es erweist sich in diesen Fällen als hilfreich, gezielt und eventuell mit Unterstützung an der Selbstregulation zu arbeiten.

Grundsätzlich ist es effektiver, eigene Grenzen sichtbar zu machen, als dem Kind Befehle zu erteilen. So macht es einen Unterschied, ob Sie wie bereits erwähnt, dem Kind einfach „Schalt die Musik leiser!" oder „Mir ist es zu laut, schalt bitte leiser" sagen. Seien Sie ehrlich und erklären statt „Du bist um Mitternacht zurück" beispielsweise „Ich will, dass du spätestens um Mitternacht nach Hause kommst. Ich könnte sonst vor Sorge um dich nicht schlafen".

Es geht gar nicht darum, dass jede einzelne Regel begründet wird. Kinder und Jugendliche sollen merken, dass hinter der Grenze ein echtes Anliegen der Eltern steckt. In Gefahrensituationen bleibt hingegen wenig Spielraum, da braucht es schnelles Handeln oder kurze klare Anweisungen.

Außerdem sind natürliche Konsequenzen viel wirkungsvoller als jegliche Form von Bestrafung. Sie verletzten die Würde des Kindes nicht. Als Eltern können Sie den natürlichen Lerneffekt nutzen, ohne Ihr Kind anzuklagen oder zu beschuldigen.

Jeder kann dabei für sich selbst entscheiden, was er seinem Kind zutrauen will. Einige Beispielfragen dazu: Kann ein Kind, das mehrmals zum Essen gerufen wurde, aber erst eine Stunde später erscheint, wenn alles schon weggeräumt wurde, auf die Mahlzeit verzichten oder sich selbst versorgen? Können Jugendliche, die einen Schaden angerichtet haben, diesen gemeinsam wieder reparieren? Können Kinder, die etwas zu Hause vergessen haben, selbst noch einmal zurücklaufen oder schauen, wie sie ohne Jacke, Handy usw. zurechtkommen? Können Sie als Mutter oder Vater, wenn es Ihnen zu bunt wird, streiken und sagen, dass Sie bei diesem Chaos keinen Bock zu kochen haben? Können Sie, wenn Ihre Kinder nicht zu Bett gehen wollen, auch mal vor Ihren Kindern schlafen gehen? Das alles wären natürliche Folgen mit Lerneffekt.

Kinder lernen flink und verstehen natürliche Konsequenzen ihres Verhaltens viel besser als auferlegte, aus dem Kontext gerissene Konsequenzen. Manchmal sind wir von vornherein schwammig oder zweideutig in unseren Anweisungen und wundern uns dann, wenn Kinder keine Anstalten machen, unseren Bitten nachzukommen.

Einmal betrat ich das Zimmer einer meiner Töchter und sagte ihr, dass sie nun wirklich groß genug wäre, um ihr Zimmer selbst in Ordnung zu halten. Gleichzeitig hob ich ein paar Gegenstände, die am Boden lagen, auf und legte sie ins Regal. Ich vermittelte somit wenig Zutrauen und sorgte selbst für Ordnung. Taten sind mächtiger als Worte. Ganz abgesehen davon, dass meine Tochter selbst das Chaos weniger stört als mich, solange sie ihre Dinge wiederfindet. Also natürliche Folgen der Unordnung abwarten oder eigene Grenzen ausdrücken? Wie Sie sehen, es gibt nicht die perfekte Variante, sondern immer wieder Kompromisse und flexibles Aushandeln auf Augenhöhe.

Falls Sie ein bestimmtes Verhalten Ihres Kindes immer wieder stört, überlegen Sie, ob dieses Verhalten wirklich nachteilhafte Konsequenzen mit sich bringt. Nur für Sie selbst oder auch für das Kind? Wenn Ihre bisherigen Anregungen wenig gefruchtet haben, überlegen Sie, wie Sie in Zukunft anders damit umgehen könnten, sodass Sie selbst wenig Stress dabei erleben.

Gemeinsam Gefühle surfen

Gefühle sind wie Wellen. J. Kabat-Zinn, Pionier der modernen Achtsamkeitspraxis, schreibt sehr treffend: „Die Wellen lassen sich nicht stoppen, aber Sie können lernen, darauf zu surfen." Gefühle haben eine Funktion und bereichern das Leben, wenn wir sie zulassen. Interessanterweise sind wir manchmal mehr damit beschäftigt, sie zu unterdrücken, als sie zu erleben. Auch Kinder lernen sehr früh, welche Emotionen an die Oberfläche dürfen und welche nicht. Unerwünschte Gefühlszustände werden in Folge oft maskiert. So kann sich hinter einem Lächeln Unsicherheit verbergen, Aggression Ausdruck von Ohnmacht und Hilflosigkeit sein, Neid und Eifersucht mit übermäßiger Hilfsbereitschaft kompensiert werden.

Klar, die Freudensprünge, Wutausbrüche, Eifersuchtsanfälle usw. unserer Kinder kommen manchmal mit einer solchen Wucht, dass selbst wir als Eltern außer Fassung geraten. Gerade im frühen Kindesalter scheinen Gefühle manchmal die Kraft einer Naturgewalt zu haben.

Was macht ein Kleinkind, das wütend ist? Genau, es schreit, schlägt und tobt, wirft sich vielleicht sogar auf den Boden, manches rennt mit dem Kopf gegen die Wand. Kinder können diese großen überwältigenden Wellen noch nicht alleine meistern, sie brauchen empathische Begleiter. Vor allem Menschen, die ihnen Raum für das Gefühl geben und sie gleichzeitig zu beruhigen vermögen. Dies setzt voraus, dass die Begleiter selbst das Surfen einigermaßen beherrschen.

Surfen bedeutet: Gefühle und Körperempfindungen wahrnehmen, annehmen und regulieren lernen. Ein wunderbares Hilfsmittel dabei ist die Praxis der Achtsamkeit, auf die ich später noch eingehen werde. Zwischen jedem Reiz und jeder Reaktion gibt es nämlich ein Fenster. In diesem Fenster liegt die Freiheit, eine Reaktion zu wählen. In etwa so beschrieb V. E. Frankl die große Chance, die in unserem achtsamen Innehalten liegt.

Auf einer Busfahrt erlebte ich folgende Situation: Ein Junge und seine Mutter steigen in den bereits überfüllten Bus. Der Knabe zieht sein Smartphone aus der Tasche und beginnt ein Spiel. Die Mutter bittet den Jungen, das Handy wegzustecken. Der Junge, scheinbar ganz ins Spiel vertieft, zeigt keinerlei Reaktion. Daraufhin greift die Mutter zu seinem Handy, um es ihm abzunehmen. Er lässt nicht los, es beginnt eine kleine Rauferei. Die Mutter ist außer sich vor Wut, der Junge ebenso.

Nun, wir sehen nur diesen kleinen Auszug, wissen nicht, was vorher war und was danach geschehen wird. Achtsames Erleben der eigenen Gedanken, Gefühle und Körperempfindungen kann in jedem Augenblick hilfreich sein. Natürlich fällt es leichter, wenn die Gefühlswelle noch klein und handhabbar scheint. Bereits beim Einsteigen in den überfüllten Bus gibt es vermutlich erstes Stresserleben, spätestens zum Zeitpunkt, in dem der Junge sein Handy aus der Tasche zieht, steigt aller Wahrscheinlichkeit nach der Anspannungsgrad bei der Mutter. Was geht ihr durch den Kopf? Was fühlt sie im Bauch? Welchen Handlungsimpuls verspürt sie? Verständlich, wenn sie sich diese Fragen zwischen Reiz und Reaktion nicht gestellt hat.

Sobald wir einen Moment innehalten und bewusst wahrnehmen, was in uns abläuft, werden wir aber meist ruhiger, beginnen klarer zu denken und können gelassener reagieren. Es kann vorkommen, dass wir selbst Überforderung, Ohnmacht oder Kontrollverlust erleben, die Welle hat sich bereits aufgetürmt. In diesen Momenten ist es oft hilfreich, bewusst Bodenkontakt zu spüren, einige tiefe Atemzüge zu nehmen, Hände und Füße bewusst zu bewegen, Spannung zu spüren und abzubauen oder die Aufmerksamkeit nach außen zu richten und sich auf wohltuende Sinneseindrücke im Hier und Jetzt zu konzentrieren.

Tatsächlich gibt es besonders gefühlsstarke Kinder und natürlich auch Eltern. Sie fallen dadurch auf, dass sie u. a. aufgeweckter, wilder, unruhiger wirken, schneller auf Stress reagieren – gleichzeitig aber erleben wir sie meist als sehr sensibel und einfühlsam. Oft werden solche Kinder als hochsensibel, hyperaktiv oder verhaltensauffällig bezeichnet. Sie haben es in der Schule besonders schwer, weil sie nicht ruhig sitzen, sich leicht ablenken lassen und eben starke Gefühle zeigen. Kinder und Jugendliche zu begleiten, empfinde ich als besonderes Geschenk. Sie quellen oft über vor Ideen und Kreativität, denken quer und haben ein besonders feines Gespür für Tiere und Mitmenschen. Aufgrund ihres großen Einfühlungsvermögens neigen manche sensiblen Kinder jedoch auch dazu, Stimmungen und Gefühle in der Familie nicht nur als Erste wahrzunehmen, sondern auch die Verantwortung für sie zu übernehmen.

Für Eltern von besonders sensiblen oder gefühlvollen Kindern ist es oft eine große Erleichterung zu erfahren, dass es nicht an der Erziehung liegt, sondern dass ihre Kinder ein sensibles Nervensystem haben und dementsprechend stark auf Stress reagieren. Manchmal kann die erhöhte Sensibilität auch mit überwältigenden Erfahrungen zusammenhängen. Erkenntnisse aus der Hirnforschung deuten darauf hin, dass stressreiche Ereignisse während der Schwangerschaft, schwierige Geburten oder Überforderung in den ersten Lebensjahren die Entwicklung des Nervensystems, des Mikrobioms und des Gehirns in besonderem Maße beeinflussen – eine Zeit, in der Kinder sich noch nicht selbst regulieren können und somit auf Beruhigung naher Bezugspersonen angewiesen sind.

Gefühlsstarke Kinder wirken nach außen zwar manchmal besonders stark und selbstbewusst, aber gerade sie brauchen in stressreichen Momenten beruhigenden Kontakt, Sicherheit und Ruhe. Auch dann, wenn sie es in ihrer Überforderung oftmals ablehnen und abweisend reagieren. Bleiben Sie trotzdem da, und helfen Sie dem Kind beim Wellensurfen. Wichtig dabei ist vor allem wohlwollende Präsenz. Manchmal ist es wohltuend für Kinder und ihre Eltern, sich auf diesem Weg fachkundig begleiten zu lassen.

TIPP

Üben Sie achtsames Innehalten zunächst in verschiedenen entspannten Situationen. Beobachten Sie wertfrei: Welche Gedanken gehen Ihnen durch den Kopf? Welche Gefühle erleben Sie? Welche Körperempfindungen tauchen auf? Wie handeln Sie? Experimentieren Sie danach in Situationen, die mit mehr Stresserleben verbunden sind.

Miteinander die Seele baumeln lassen

Bauchgefühl und Herzenskraft sind wertvolle Wegweiser im Leben. Wenn wir guten Zugang zu dieser Informations- und Motivationsquelle haben und sie mit den Erkenntnissen unseres Verstandes vereinen, dann haben wir die besten Voraussetzungen für ein erfülltes Leben. In der Praxis erlebe ich sehr häufig, dass Menschen verschiedenste körperliche Symptome entwickeln, wenn sie gegen ihre innere Uhr und ihr Bauchgefühl leben. Es lohnt sich daher, innerste Bedürfnisse, Sehnsüchte und Gefühle achtsam wahrzunehmen. Oft werden uns Gefühle erst dann bewusst, wenn wir Momente der Leere haben, in denen wir uns nicht anderweitig beschäftigen. Gerade deswegen halten manche Menschen die Ruhe und das Nichtstun nur sehr schwer aus. Erst wenn Gefühle genug Raum bekommen und wir sie annehmen können, werden wir innerlich wirklich ruhig.

So wie Kinder uns in den hektischsten Momenten manchmal zum Innehalten zwingen, so merken sie in der Regel ebenso rasch, wenn wir zur Ruhe kommen. Sie spüren unsere Präsenz oder innere Ruhe und suchen dann oft die Nähe zu uns Eltern. Vielleicht kennen Sie das ebenso von Ihren Haustieren.

Entdecken Sie für sich selbst passende Wege der Entspannung, und laden Sie Ihr Kind immer wieder einmal ein, auch aktionsarme Momente miteinander zu genießen. Kindern wie Erwachsenen fällt das Abschalten in der Natur oftmals leichter. Fasziniert beobachte ich auch immer wieder, wie ruhig Kinder werden, wenn sie im Wald etwas sammeln, am Bächlein spielen oder bedächtig am Lagerfeuer sitzen. Gemütliche Orte, an denen Sie sich besonders wohlfühlen und gerne die Seele baumeln lassen, sollte es auch in jedem Zuhause geben.

Erfahrungsgemäß schwindet als positive Nebenwirkung oft die große Sehnsucht nach Urlaub, wenn es im Alltag gelingt, eine gute Mischung aus zu meisternden Anforderungen und regenerativen Erholungsphasen zu finden. Kleine Kinder tun dies in der Regel von alleine und folgen einem natürlichen Rhythmus. Sie pendeln zwischen Phasen hoher Aktivierung, in denen sie eifrig spielen, entdecken und in Bewegung sind, und Phasen niedriger Aktivierung, in denen sie Ruhe oder die Nähe der Bezugspersonen suchen, sich auch manchmal zu langweilen scheinen. Nicht nur im Schlaf, sondern gerade auch in diesen Momenten werden Lernerfahrungen verarbeitet, neue Eindrücke eingeordnet, und der Körper erholt sich auf allen Ebenen. Wir tun Kindern nichts Gutes, wenn wir sie in diesen Phasen zu Aktivitäten animieren oder sie vor dem Fernseher platzieren, wo sie wieder mit einer Flut von Informationen konfrontiert werden. Besonders für Kinder, die nur schwer zur Ruhe kommen, sind neben ausreichend Bewegung Phasen (mögen diese auch nur kurz sein), in denen sie Ruhe und Geborgenheit erleben, besonders wichtig.

In meinen Entspannungsworkshops wählen Jugendliche neben den Atemübungen am häufigsten den „mentalen Ruheort" als Lieblingsübung. Hier folgt eine leicht abgewandelte Form, die Sie gemeinsam mit Ihrem Kind durchführen können.

DER WOHLFÜHLORT

Setzen oder legen Sie sich mit Ihrem Kind entspannt hin, spüren Sie den Kontakt zum Boden, und beobachten Sie zunächst für eine Weile Ihre Atmung. Denken Sie dann an einen Wohlfühlort, einen Ort, den Sie besonders mögen, und laden Sie auch Ihr Kind dazu ein, an einen ganz angenehmen Ort zu denken, an dem es sich wohl- und geborgen fühlt (kann für das Kind auch gerade dieser Augenblick mit Ihnen sein).

Lassen Sie einen inneren Film entstehen, überlegen Sie, was Sie an diesem Ort sehen, hören, riechen und vielleicht sogar schmecken. Lassen Sie die Bilder groß und farbig werden ... Wie fühlt sich Ihr Körper gerade an? Wo können Sie das Wohlgefühl spüren, das Ihnen dieser Ort vermittelt?

Beobachten Sie dann noch einmal Ihren Atemfluss. Hat er sich während der Übung verändert? Nehmen Sie anschließend nochmals bewusst den Bodenkontakt wahr, auch den Kontakt zu sich selbst und Ihrem Kind.

Nach der Übung können Sie sich mit Ihrem Kind zu Ihren Erlebnissen und Körpererfahrungen austauschen. Kindern erleichtert
dies oftmals den Zugang zur eigenen bewussten Körperwahrnehmung.

Gönnen Sie sich mehrmals in der Woche einen „Kurz-
urlaub" mit Ihrem Kind von mindestens zehn Minuten.
Schenken Sie Zeit und Raum, in dem Sie einfach nur da
sind für Ihr Kind, abseits von Pflichten und Tätigkeiten,
die es parallel zu erfüllen gilt. Lassen Sie sich vom Kind
leiten und beobachten Sie, wonach ihm gerade ist. Vielleicht sitzen Sie auch nur daneben und beobachten es
beim Spielen. Jugendliche schätzen Gespräche,
Begegnungen auf Augenhöhe. Sie haben meist nicht mehr
ganz so viel Zeit für ihre Eltern. Manchmal sind Gelegenheiten wie gemeinsame Mahlzeiten oder Autofahrten
wundervolle Möglichkeiten, um sich mit Ihrer Tochter
oder Ihrem Sohn auszutauschen.

Kinderfreundschaften hegen und pflegen

Es ist unglaublich spannend zu beobachten, wie Kinderfreundschaften entstehen. Kaum ein Erwachsener knüpft so rasch und vorurteils-
frei Freundschaften, wie Kinder es tun. Im Spiel kommen sie miteinander in Kontakt: Sie lachen sich an, tauschen sich aus, berühren
sich und bewegen sich miteinander. Gemeinsam einer vergnüglichen
Tätigkeit nachzugehen, verbindet auf besondere Art und Weise. So
hat manch ewig währende Freundschaft ihren Ursprung tatsächlich
in der Sandkiste. Dies ist jedoch eher die Ausnahme als die Regel.
Familien verändern sich heutzutage rasch, es gibt mehr Übergänge

und Ortswechsel als früher, und so verlieren sich Kinder auch schneller aus den Augen.

„Wenn wir Freunde sind, dann darfst du mitspielen!" Sind Freundschaften von Dreijährigen oft kurzlebig, einseitig und spontan, so sehen wir bereits im Alter von vier Jahren zunehmend länger andauernde Spielfreundschaften. Neben den gemeinsamen Interessen sind es aber vor allem die Sympathie füreinander und das Vertrauen ineinander, die Freundschaften ausmachen.

Es kommt auf die Gelegenheiten an: Auch Freundschaften brauchen Zeit und Raum! Nur wenn wir ausreichend Möglichkeiten bieten, damit Kinder sich treffen und miteinander sein können, lernen sie, Beziehungen zu knüpfen und zu pflegen. Manchmal geschieht dies nicht von alleine. Viele Kinder tun sich leichter, wenn wir sie dabei etwas an die Hand nehmen. Sie brauchen unsere Ermutigung, um auf andere zuzugehen, sowie unsere Unterstützung, um manche Reiberei mit ihren Freunden zu überwinden. Auch Jugendliche teilen manchmal gerne ihre Beziehungserfahrungen sowie ihren Liebeskummer und sind froh über zwei offene Ohren.

Warum sind Kinderfreundschaften so wichtig? Freundschaften bilden nicht nur die Basis für unser gesellschaftliches Zusammenleben, die Entwicklung von Empathie und das Erlernen gelingender Kommunikation. Auch die Erfahrung von Nähe und Geborgenheit, das Respektieren von Grenzen und das wechselseitige Geben und Nehmen werden besonders auf der Spielwiese von Freundschaften erfahren.

Je älter Kinder werden, desto mehr brauchen sie Freundschaften auch, um sich von uns Erwachsenen abzugrenzen, verschiedene Rollen auszuprobieren und ihre Identität zu finden: Freunde, mit denen sie durch dick und dünn gehen, auf die sie zählen können, wenn es darauf ankommt. Jugendliche, die in einem guten Freundschaftsnetz aufgehoben sind, meistern auch Krisen wesentlich leichter und fühlen sich gebraucht, was einen positiven Einfluss auf das Selbstwertgefühl hat.

Aber was, wenn Eltern die Freunde ihrer Kinder nicht ausstehen können oder deren Verhalten unmöglich finden? Im Jugendalter ist guter Rat oft teuer, denn ältere Kinder und Jugendliche suchen sich ihre Freunde nicht nur selbst aus, sondern lassen sich von ihren Eltern kaum abbringen, ihre „besten" Freunde zu treffen.

In der Praxis erlebe ich oft, je mehr Eltern klammern oder bevormunden, desto heftiger verteidigen Jugendliche ihre Freunde und gehen ihren eigenen Weg. In diesem Alter passiert in der „Erziehung" nichts Großartiges mehr. Jene Werte, die in der Familie bis dahin vermittelt wurden, bilden die Grundlage. Als Eltern können wir dann nur mehr auf Vertrauen und Beziehungspflege setzen, die Grenzen und Autonomie der Jugendlichen respektieren, ihnen aber auch zunehmend verantwortungsvolle Pflichten und Aufgaben zumuten, welche sie auf das Erwachsenenleben vorbereiten. Dazu gehört der Mut, anders zu sein, aber auch für Freunde in guten und schlechten Zeiten da zu sein. Als Eltern bleiben wir im besten Fall der sichere Hafen, von dem aus wir unsere Kinder mit ihren Freunden in die abenteuerliche See stechen lassen.

TIPP

Interessieren Sie sich für die Freundschaften Ihrer Kinder, speziell auch für Freunde, die Ihnen nicht ans Herz gewachsen sind. Was findet Ihr Kind an seinen Freunden reizvoll oder cool? Wie verhält sich Ihr Kind in Freundschaften?

Von Tieren lernen

Rein genetisch betrachtet unterscheiden wir uns nur zu zwei Prozent von den Schimpansen. Trotzdem sind wir Menschen weit davon entfernt zu verstehen, was Tiere denken, fühlen und spüren. Bei der Erforschung der Fähigkeiten von Tieren, ziehen wir häufig Vergleiche zum Menschen. Dabei hat jede Spezies ganz besondere Fähigkeiten.

Obwohl der Mensch sich durch seine soziale Fähigkeit, in Gemeinschaft und Gesellschaft zu leben, von Tieren unterscheidet, legen auch diese ein erstaunliches Sozialverhalten an den Tag. Jedenfalls sind wir nicht die einzige Spezies, für die Geborgenheit in frühester Kindheit überlebenswichtig ist.

Besonders spannend sind die Unterschiede im Verhalten von Tiereltern. So gibt es äußerst liebevolle Tierarten, die ihren Nachwuchs sehr fürsorglich aufziehen, und dies gilt nicht nur für Tiermütter. Bei den Pinguinen und Flamingos beispielsweise spielen die Väter in der Brutpflege eine auffallend wichtige Rolle. Pinguinväter brüten und behüten das Ei, Flamingoeltern füttern gemeinsam ihren Nachwuchs – außerdem erfahren die Jungen in der Großgruppe besonderen Schutz. Orang-Utan-Weibchen werden hingegen meist nur alle neun Jahre schwanger, weil sie sich acht Jahre lang ausschließlich um ihr junges Kind kümmern. Bei Primaten werden ganz enge Mutter-Kind-Bindungen beobachtet. Bei manchen Tierarten wie den Elefanten kümmert sich vielmehr die ganze Herde um den Nachwuchs.

Eine Fähigkeit, um die wir Tiere in freier Wildbahn geradezu beneiden könnten, ist die Stressregulation. Viele Tiere in freier Wildbahn sind dauernd in existenzieller Bedrohung: einerseits, weil sie ständig Gefahr laufen, von natürlichen Feinden angegriffen zu werden, andererseits, weil das Futter oft knapp ist. Hinzu kommen natürlich noch andere Stressoren, u. a. ihre oftmals bedrohte Umwelt oder die Kämpfe mit Rivalen der eigenen Gattung. Sehr beeindruckend finde ich, wie sich Tiere von lebensbedrohlichen Situationen vollständig erholen, ohne Symptome eines Traumas zu entwickeln. Sicher kennen Sie Menschen, die Unfälle oder medizinische Interventionen hinter sich haben, in denen sie große Angst und Ohnmachtsgefühle erlebt haben. Häufig entwickeln sie dann Panik vor genau diesen Situationen oder psychosomatische Beschwerden, sobald sie mit ähnlichen Herausforderungen konfrontiert sind. Tieren in freier Wildbahn passiert das nicht.

Stellen Sie sich folgende Situation vor: Ein Opossum klettert in einen Strauch, doch dahinter lauert ein Kojote, zum Sprung bereit.

Das Opossum kann nicht fliehen – im Kampf wäre es chancenlos. Es wird von Stresshormonen durchflutet. Als der Kojote springt und das Opossum am Genick packt, stellt dieses sich tot – und gerät somit widerstandslos in die Fänge des Angreifers. Dieser verliert an der scheinbar toten Beute rasch das Interesse. Er lässt das Opossum einfach liegen, und es dauert nicht lange, bis der Totstellreflex nachlässt. Es atmet einige Male tief durch und begibt sich an einen sicheren Ort, wo es nun am ganzen Körper zittern darf.

Dies ist ein Mechanismus, der Tieren hilft, die für den Überlebenskampf bereitgestellten Stresshormone gleich wieder abzubauen und sich davon zu erholen. Auch bei uns Menschen wäre Zittern, Schreien, Weinen, um sich schlagen usw. eine natürliche Form der Entladung dieser Hormone. Doch größtenteils hindert unser Verstand uns daran, dies geschehen zu lassen, und die meisten Menschen tun alles Erdenkliche, um Gefühle und Körperreaktionen sofort wieder unter Kontrolle zu bringen. Anschließend durchlaufen wir oft mental die Situation oder analysieren Hochstresserfahrungen auf kognitiver Ebene. Dies hilft dem Körper jedoch kaum, Stresshormone und die eingefrorene überschüssige „Überlebenskampfenergie" abzubauen. Die Restaktivierungen können auch Jahrzehnte nach den stressreichen Ereignissen durch bestimmte Trigger-Situationen wieder aktiviert und symptomatisch werden. Oft braucht es daher unterstützende Maßnahmen, um emotionale und körperliche Entladung sowie Neuverhandlung zu ermöglichen.

Insofern können wir von Tieren lernen, wie wichtig es ist, nach Unfällen oder Hochstresserfahrungen Reaktionen wie das Zittern zuzulassen, die der Deaktivierung und Neuorientierung dienen. Bereits kleine Kinder fassen sich schneller wieder, wenn wir sie nach kleinen Stürzen nicht sofort hochnehmen, sondern uns zu ihnen an den Boden setzen und sie dort beruhigen. Dies ist wertvolle Zeit, um sich zu erholen und im wahrsten Sinne des Wortes neu zu sammeln. Kinder inszenieren zudem stressreiche Erfahrungen manchmal im Spiel, bis sie zu einem guten Ausgang finden.

Tiere sind außerdem sehr empathische Begleiter: Unsere Katze kommt oft angelaufen, wenn eines der Kinder weint. Insbesondere, wenn sich ein Kind verletzt hat. Sie scheint sogar zwischen den verschiedenen Arten des Weinens zu unterscheiden, denn sie erscheint immer dann, wenn es wirklich brennt, und schmiegt sich an das weinende Kind.

Es gibt mittlerweile viele Wirksamkeitsnachweise für die tiergestützte Therapie. Auch bei Kindern mit unsicheren Bindungserfahrungen zeigen sich sehr positive Effekte, da sie zu Tieren oftmals leichter Vertrauen entwickeln. Dies fällt ihnen bei Menschen manchmal zunächst schwer, auch wenn Pädagogen und Therapeuten noch so empathisch sind und sich den Kindern besonders zuwenden. Beim Berühren eines vertrauten Tieres wird das Bindungshormon Oxytozin ausgeschüttet, so wie es auch in einer gesunden Eltern-Kind-Beziehung geschieht.

Bei Kindern in der Schule zeigte sich, dass die Anwesenheit und vor allem das Streicheln des Schulhundes bedeutend zur Stressreduktion beitragen. Kinder, die zum Beispiel mit dem Schulhund vor der Klasse standen und einen Vortrag hielten, beschrieben, dass sie sich ruhiger fühlten. Zudem hatten sie messbar niedrigere Cortisolwerte, als jene Kinder, die ein Stofftier oder eine Studentin zur Unterstützung neben sich hatten.

Wir wissen, dass das Beobachten und Streicheln von Tieren nachweislich einen beruhigenden Effekt auf den Menschen hat. Eine schnurrende Katze auf dem Schoß, mit dem Hund durch die Wälder zu streifen oder in der Wiese zu liegen und Vögel zu beobachten, sind ein wunderbarer Ausgleich zum hektischen Alltag. Das gemeinsame Versorgen und Pflegen von Tieren lehrt Kinder, Verantwortung zu übernehmen und die Bedürfnisse anderer Lebewesen wahrzunehmen. Bereits das Beobachten oder Berühren von Tieren zieht uns oft in den Bann. Deswegen erstaunt es auch nicht, dass fast alle Kinder von der Tierwelt so fasziniert sind.

IDEE

Sich gemeinsam mit Kindern um Tiere zu kümmern, Tiere in freier Wildbahn zu beobachten oder Haustiere zu streicheln, kann sehr spannend und erfüllend sein.

Blick in den Spiegel: Werte, Einstellungen und Lebensstil

Was wir als wertvoll und wichtig im Leben empfinden, beeinflusst, in welchem Licht wir uns selbst, unsere Menschen und die Welt sehen. Unsere eigenen Maßstäbe können wertvolle Struktur vermitteln, aber auch zu konfliktreichen Hürden in der Eltern-Kind-Beziehung werden. Wie sieht es mit dem eigenen Perfektionismus aus? Welche Werte leben wir unseren Jüngsten vor? Wie gehen Sie mit Stress und Krisen um? Stemmen Sie manchmal mehr, als Sie müssten, und erwarten das Gleiche von Ihren Kindern?

Glücksforscher werden

Persönlich empfinde ich das Glückserleben wie den Anblick eines wunderschönen Schmetterlings, der vor meinen Augen herumflattert. Betrachte ich ihn hingebungsvoll, kann ich mich an seinem Anblick erfreuen – versuche ich ihn hingegen einzufangen, entwischt er mir.

Stellen Sie sich vor, Sie könnten eines Tages im hohen Alter auf Ihr Leben zurückschauen. Worauf würden Sie mit Genugtuung und Freude zurückblicken?

In der Beratung bemerke ich immer wieder, dass Menschen, die eine schwierige Vergangenheit hinter sich haben, rückblickend nicht mit anderen tauschen wollen würden. Diese Menschen schätzen sich mitunter sogar am glücklichsten ein. Tolle Schulnoten, ein hohes Gehalt oder manche Spitzenleistungen führen hingegen oft nur zu einem kurzweiligen Glücksrausch. Wenn man ältere Menschen dazu befragt, was sie in ihrem Leben bereuen, dann tauchen vor allem folgende Dinge auf: den wichtigsten Menschen im Leben zu wenig Aufmerksamkeit und Zeit geschenkt zu haben, einen nicht wirklich erfüllenden Beruf ausgeübt zu haben, manche Lebensträume nicht verwirklicht und keine nennenswerten Spuren hinterlassen zu haben.

In der Begleitung von Kindern, Jugendlichen und Erwachsenen erlebe ich, dass das Erreichen persönlicher Ziele oft nur zu einem kurzen Glücksrausch führt. Die Zutaten für das eigene Wohlbefinden und innere leistungsunabhängige Zufriedenheit sind oft erst zu erforschen. Manche hangeln sich von einem Erfolgserlebnis zum nächsten, lechzen danach, sich von Mal zu Mal selbst zu übertreffen, und trotzdem stellt sich kein dauerhaftes Glücksgefühl ein.

Innere Zufriedenheit ist mehr: Sie entspricht einem Gefühl von tiefster Geborgenheit, wahrer Selbstliebe und in sich selbst daheim zu sein. Viele meiner Klienten beschreiben eine große Sehnsucht danach und leiden oft am Gefühl, „nicht okay zu sein" – oft, weil sie in frühester Kindheit wenig an emotionaler Geborgenheit oder viel Kritik erfahren haben. Die Lösung ist kein Einmal-mit-den-Fingern-Schnipsen oder Ein-paar-„Glücksflow-Tipps"-Befolgen, sondern oft ein längerer Weg, der zu uns selbst führt. Dieser Weg ist manchmal durchaus beschwerlich, auch weil unterwegs sehr bedürftige Anteile unserer Person spürbar werden, bislang unterdrückte Gefühle auftauchen können oder Abhängigkeiten bewusst werden. Gleichzeitig öffnen sich damit neue Entwicklungsmöglichkeiten und vor allem die Chance, uns selbst näherzukommen. Erfahrungsgemäß ist dies ein bedeutsamer Schritt in Richtung innere Ruhe und Zufriedenheit.

Auch die kleinen heiteren Momente sind natürlich wertvoll. Wenn wir es gerade schwer haben, wir uns unglücklich fühlen, fällt es nicht immer leicht, die Sonnenseiten im Leben zu sehen. Doch sobald wir den Fokus verändern, glückliche Momente bewusst einfangen, bekommen die meisten rasch wieder Lust auf mehr. Kleine Kinder sind Künstler darin. Sie stecken für gewöhnlich voller Lebenslust und staunen zunächst über all die wundersamen neuen Entdeckungen, die sie tagtäglich machen.

Eltern von älteren Kindern wundern sich hingegen manchmal darüber, wo diese ursprüngliche Neugier und unbeschwerte Heiterkeit geblieben ist. Stress und Leistungsdruck sind in der Tat oft die Gegenspieler, die Lernfreude und Gestaltungslust vergehen lassen.

Einerseits können wir uns auf die Suche nach den Motivationskillern begeben und diese angehen (mehr dazu später). Gleichzeitig ist Optimismus lernbar. Wenn wir zum Beispiel gemeinsam mit Kindern auf die schönsten Momente des Tages zurückblicken, bekommen sie mit, wie wir aus kleinen Glücksquellen immer wieder Kraft schöpfen. Begeisterung und Lebensfreude zu mehren, lohnt sich allemal. Glückliche Menschen sind widerstandsfähiger, gesünder, leistungsfähiger und leben im Durchschnitt länger.

REFLEXION

Finden Sie heraus, was Sie glücklich macht. Sind es wirklich die Dinge, die Menschen oder bestimmte Situationen? Oder ist es Ihre eigene Art und Weise, wie Sie sich selbst und das Leben in all seinen Facetten und kunterbunten Momenten betrachten?

Leistungsorientierung dosieren

Kennen Sie das Gefühl, nach einem Erfolgserlebnis auf Wolke sieben zu schweben? Oder den Adrenalinrausch, wenn Sie sich an eine ganz besondere Herausforderung wagen? Oder einfach die Zufriedenheit, mit der Sie ins Bett gehen, nach einem Tag, an dem viel Gutes gelungen ist?

Natürlich brauchen wir sie, die kleinen und die großen Erfolgserlebnisse im Leben. Auch die Leistungen unserer Kinder haben eine besondere Bedeutung. Schließlich unterstützen und fördern Sie Ihr Kind. Sie fiebern vielleicht auch bei Auftritten oder Wettkämpfen mit. Berechtigterweise erfreuen wir uns an tollen Fortschritten, sind stolz auf die Erfolge unseres Kindes. Gehört ein bisschen dieses Erfolgs dann nicht auch uns?

In der Sportpsychologie spricht man von sogenannten „WIR-Eltern": Eltern, die nach einem Sieg Ihres Kindes jubeln: „Wir haben gewonnen!" Tatsächlich beobachte ich in der Praxis, dass die Grenzen zwischen gesundem elterlichen Engagement und Überidentifikation mit den Leistungen des Kindes oft fließend sind. Wenn Sie sich als Mutter oder Vater besonders gut fühlen, wenn Ihr Kind Erfolg hat oder Sie das Gefühl des Versagens haben, weil Ihr Kind gerade gescheitert ist, dann sind das Anzeichen für Überidentifikation.

Manche Eltern neigen auch dazu, Ihr Kind exzessiv anzufeuern oder im Nachhinein vorwurfsvoll aufzuzeigen, dass mehr drin gewesen wäre. Gleichzeitig scheinen sie, zum Teil felsenfest davon überzeugt zu sein, keinen Druck auf das Kind auszuüben.

Das Problem liegt genau darin: Manchmal haben wir Eltern selbst blinde Flecken und sind uns der Überidentifikation nicht bewusst. Oftmals ist es auch eine Frage des Loslassens und Zumutens. Kinder und Jugendliche sind für viele Entscheidungen, ihre Anstrengungsbereitschaft und ihr Engagement selbst verantwortlich. Eltern könnten sich bei Auftritten Ihrer Kinder demnach öfter entspannt zurücklehnen.

Zudem teilen Eltern und Kinder nicht immer dieselbe Leistungsorientierung. Kinder wollen einfach Spaß haben, mit ihren Freunden Zeit verbringen, Fähigkeiten erlernen usw. – nicht immer haben sie Lust, sich mit anderen zu messen. In der Praxis zeigt sich, dass nicht einmal die Hälfte der Jugendlichen gerne mit anderen in Konkurrenz tritt. Die Freude daran, Neues auszuprobieren und Fähigkeiten auszubauen, ist hingegen bei den allermeisten zu beobachten. Vielen Jugendlichen und Erwachsenen geht es außerdem vor allem um soziale Anerkennung.

Schauen Sie hinter die Kulisse: Was sind die echten Motive Ihres Kindes? Lacht es, hat es sichtlich Freude am Tun? Lernt es Neues dazu? Fühlt es sich in der Gruppe wohl? Zeigt es Interesse und Anstrengungsbereitschaft? Oder tut es in erster Linie Ihnen einen Gefallen? Erfüllt es gar einen Ihrer Lebensträume?

Es ist nicht immer leicht auseinanderzuhalten, wo der eigene Traum aufhört und der des Kindes beginnt. Es kann auch schmerzen, sich ehrlich einzugestehen, dass Lebensträume voneinander abweichen. Jugendliche Sportler trauen sich oft erst dann, den Leistungssport aufzugeben, wenn sie spüren, dass dies für ihre Eltern voll und ganz okay ist – auch wenn diese bereits viel in die sportliche Aktivität investiert haben. Erst wenn Jugendliche die Erlaubnis oder Bestätigung haben, wirklich ihren eigenen Weg gehen zu dürfen, wagen sie es, diesen unbeschwert einzuschlagen. Umgekehrt erlebe ich, dass insbesondere Spitzensportler oft hart dafür kämpfen mussten, um sich ihren sportlichen Traum erfüllen zu dürfen, weil ihre Eltern völlig andere Berufsvorstellungen hegten.

Trotzdem ist Leistung nicht alles! Es ist ein weit verbreiteter Irrglaube, dass einzelne Erfolgserlebnisse langfristig glücklich machen. Während andersherum Gesundheit und innere Zufriedenheit die besten Voraussetzungen sind, um im Leben erfolgreich zu sein.

REFLEXION

Wie viel Leistung brauchen Sie? In welchen Lebensbereichen legen Sie selbst großen Ehrgeiz an den Tag? Und bei Ihrem Kind? Welche Bedeutung haben Schulnoten oder andere vorzeigbare Ergebnisse für Sie?

Stressoren betrachten

Stellen Sie sich vor, Sie stehen am Fuße eines hohen Berges, den Sie schon lange besteigen wollten. Die Zeit drängt, nachmittags ziehen Gewitter auf. Sie machen sich auf den Weg, wären am liebsten aber schon oben am Gipfel …

Beim Berg könnte es sich auch um einen Berg von Aufgaben handeln. Als Stress erleben wir häufig genau diese innere Spannung, die entsteht, wenn wir HIER sind, aber schon DORT sein wollen. Oder möchten, dass andere bereits DORT sind.

Dies geschieht beispielsweise bereits am Morgen, wenn Eltern ihre Kinder zur Eile antreiben. So verlassen viele Eltern und Kinder morgens bereits gestresst das Haus. Vielleicht haben Sie es auch bemerkt: Stress entsteht zum größten Teil in unserem Kopf, und Stresserleben ist hoch ansteckend!

Kinder und Jugendliche verbinden ganz oft Leistungssituationen mit Stress. Stressoren sind jedoch alle Dinge, Situationen, Beziehungen, Gedanken usw., die bei uns eine Stressreaktion hervorrufen. Während einer sich völlig relaxt beim Zahnarzt behandeln lässt, schlägt dem anderen das Herz bis zum Hals, wenn er bloß eine Spritze sieht.

Während ein Kind voller Vorfreude an der Startlinie steht, schlottern dem anderen die Knie, wenn es an das bevorstehende Rennen denkt.

Temperament, Vorerfahrungen, emotionaler Rückhalt, Vorbilder und vieles mehr wirken entscheidend auf unseren Umgang mit potenziellen Stressoren. Daraus entwickeln sich Überzeugungen und Einstellungen, mit denen wir künftigen Herausforderungen begegnen. So kann ich eine Prüfung als Chance sehen zu zeigen, was ich kann, oder aber als Gefahr wahrnehmen. Ist das der Fall, überwiegt meist die Angst zu versagen, sich zu blamieren oder Fehler zu machen.

Natürlich gibt es auch katastrophale Stressoren anderer Dimension (Krieg, Wirtschaftskrisen, Umweltkatastrophen usw.), die die ganze Bevölkerung betreffen, oder kritische Lebensereignisse (Todesfälle naher Angehöriger, Trennungen, schwere Krankheiten), die fast allen Menschen irgendwann einmal im Leben schwer zu schaffen machen. Diese gravierenden Situationen können wir oftmals nicht beeinflussen, unsere Reaktionen darauf hingegen schon eher. Es hilft, sich auf das zu konzentrieren, was wir trotz allem tun können und das Unveränderbare anzunehmen, so schmerzhaft es auch sein mag. Das ist nicht nur eine Frage der eigenen Resilienz, sondern auch der Kooperation und Solidarität in der Gruppe.

Stress ist im Grunde eine gesunde Anpassungsleistung unseres Organismus und erhöht unsere Leistungsbereitschaft gerade in lebensgefährlichen Situationen. Das Herz schlägt schneller, die Atmung wird flacher, die Muskelspannung steigt, die peripheren Blutgefäße verengen sich: Wir sind bereit zum Kämpfen oder Flüchten. Wenn beides nicht möglich ist, dann fallen wir in eine Art Erstarrung. Ohne selbst viel denken zu müssen, sichern die reflexartigen Reaktionen und Schutzmechanismen unser Überleben. In kritischen, gefährlichen und plötzlich auftretenden Situationen ist dieses steinzeitliche Reaktionsmuster nach wie vor überlebenswichtig. So reagieren wir zum Beispiel bei Unfällen meist automatisch richtig mit notwendigen Schutz- und Abwehrbewegungen und kämpfen um unser Überleben.

Im Alltag begegnen wir glücklicherweise eher kleineren Herausforderungen, auf die wir uns vorbereiten können und bei denen wir klar denken. Dennoch erleben wir hier immer wieder Stress, wodurch sich Körperspannung aufbaut. Auch das Cortisollevel steigt zunehmend, wenn wir diese erhöhte Aktivierung nicht regelmäßig über Bewegung oder Entspannung abbauen. Dabei wiegen innere Stressverstärker wie eigene Bewertungen, Erwartungen, Selbstzweifel oder Versagensängste oft stärker als äußere Stressfaktoren wie Hitze, Lärm oder Zuschauer – es sei denn, wir verstärken diese innerlich, indem wir ihnen starkes Gewicht geben.

Kinder und Jugendliche brauchen somit nicht nur Unterstützung, wenn es um das Meistern einzelner stressreicher Situationen geht. Vor allem sollten wir genau hinschauen, wie sie Stressoren bewerten. Ich finde es wichtig, ihre Blickwinkel zu respektieren und ernst zu nehmen, und doch ist es manchmal gut, wenn wir ihnen eine andere Sicht auf die Dinge eröffnen.

Die Aufregung kennen Sie vielleicht auch von sich selbst vor Prüfungen, Auftritten und Wettkämpfen. Diese werden häufig als sehr bedeutsam eingestuft: manchmal, als ginge es um Leben und Tod, vor allem, wenn die Leistung persönliche Konsequenzen mit sich bringt. Da hilft es zu relativieren, indem wir weiterdenken und verstehen, dass die Welt sich gleich weiterdreht, egal wie wir abschneiden. Trotzdem reizt es uns ja meist, unser Bestes zu versuchen.

Gelegentlich fällt es uns schwer nachzuvollziehen, warum das Kind sich ängstigt oder sich eine Aufgabe nicht zutraut. Erfahrungsgemäß hilft es wenig, dem Kind die Angst ausreden zu wollen. Manchmal möchten Kinder einfach, dass wir sie begleiten und an die Hand nehmen. Jugendliche machen sich oft selbstbewusster auf den Weg, wenn wir sie an ihre Stärken oder erfolgreiche Erfahrungen erinnern. Vor allem aber erleben sie weniger Druck, wenn sie spüren, dass wir in jedem Fall hinter ihnen stehen.

Auch wenn wir Kinder dabei begleiten, neue Aufgaben oder besondere Herausforderungen anzugehen, kommt es u. a. auf unsere Haltung an. Kinder und Jugendliche spüren förmlich, ob wir ihnen die Anforderung zutrauen oder ob wir selbst Ängste und Zweifel hegen. Stellen Sie sich Ihr Kind vor, das zum ersten Mal auf einem 5-Meter-Turm steht, bereit zum Absprung ... Was braucht Ihr Kind in diesem Moment? Ihre Ermutigung? Gelassenheit? Druck?

Tag für Tag meistern auch wir Großen die verschiedensten Anforderungen. Ob und wie viel Stress wir dabei erleben, hängt nicht nur von der Situation, sondern ganz speziell von unserer persönlichen Einschätzung ab. Wie bewerten Sie die Anforderung? Trauen Sie sich zu, diese zu meistern? Haben Sie Unterstützung? Lohnt sich der Aufwand? Welche Risiken gibt es? Was sagt das Bauchgefühl? Haben Sie in der Vergangenheit Ähnliches geschafft?

Beobachten Sie für einen Tag, was Sie persönlich am meisten stresst. Lässt sich dieser Stressfaktor umgehen, indem Sie die Situation selbst oder Ihre Einstellung dazu ändern?

Gut für sich selbst sorgen

Sie wollen als Mutter oder Vater Ihr Bestes geben, aber es gelingt auch bei bester Absicht nicht immer? Dann gehören Sie zu den Normalsterblichen, die nicht immerzu in Höchstform sind.

Tatsache ist jedoch: Je besser wir als Eltern für uns selbst sorgen, umso wohler wir uns in unserer eigenen Haut fühlen, desto liebevoller, verständnisvoller und geduldiger widmen wir uns unserem Nachwuchs.

Manchmal kommen Eltern zu mir in die Beratung, weil sie merken, dass sie mit ihren Kindern nicht so umgehen, wie sie es gerne würden. Sie wären mitunter ungeduldig, hektisch, besserwisserisch und kritisierend, wohlwissend, dass sie damit die Beziehung zu ihrem Kind belasten. Anschließend verspüren sie nagende Schuldgefühle oder ärgern sich über ihr eigenes Verhalten. Ab und zu erleben das wohl die allermeisten Eltern, zumindest jene, die sich Gedanken über ihr eigenes Verhalten und ihre eigenen Macken machen. Mit verständnisvoller Nachsicht könnten wir uns darüber hinwegtrösten, dass solche Reaktionen ehrlicher Ausdruck unseres Zustandes und deswegen mitunter normal sind. Gleichzeitig mag aber auch das Verlangen auftauchen, etwas daran zu verändern und an sich selbst zu arbeiten.

Erfahrungsgemäß ist es nützlich, zunächst den Fokus auf die Momente zu richten, in denen Sie mit Ihrem Kind in Einklang sind, und zu erkennen, was Sie in solchen Momenten empfinden, denken und tun. Außerdem ist eine gute Selbstfürsorge die beste Prävention für „stressreiches" Erziehungsverhalten.

Eltern neigen aus lauter Fürsorge manchmal dazu, alles für ihre Familie zu geben. Sie opfern sich auf, zuallererst für die Kinder, für den Partner, die eigenen Eltern, für den Haushalt und stellen dabei ihre eigenen Bedürfnisse zurück. Nur sehr selten begegne ich Menschen, die nicht wissen, was ihnen guttun würde und wonach sie sich wirklich sehnen. Am Rande bemerken sie fast immer, wonach ihnen selbst gerade wäre und verschieben das auf bessere Zeiten. Aber irgendwie scheinen die immer wieder in weite Ferne zu rücken. Sie können sich vorstellen, was als Nächstes passiert? Genau, die innere Anspannung nimmt zu, das Stresslevel steigt, die Stimmung lässt immer mehr zu wünschen übrig. Es kommt zu einer inneren Unzufriedenheit, die auch im Beziehungsverhalten zum Ausdruck kommt.

Manchmal gibt es belastende Lebenssituationen und Phasen, in denen das Grundanspannungslevel sehr hoch ist und wirkliches Abschalten schwierig. In diesen Situationen sind eine gute Selbstfürsorge und ein unterstützendes Umfeld besonders wertvoll, aber manchmal nicht ausreichend. Gerade dann erweist sich eine gute professionelle Begleitung als hilfreich und entlastend. Auch Hilfe suchen und annehmen sind Formen guter Selbstfürsorge und oft die beste indirekte Unterstützung für Kinder in der Familie.

Nennen Sie sieben wohltuende Dinge, die Sie zu Hause tun können, um gut für sich zu sorgen. Wenn Sie bemerken, dass diese Dinge immer wieder zu kurz kommen – schenken Sie sich mehr davon! Sie werden aller Wahrscheinlichkeit nach gelassener und wohlwollender sich selbst und Ihren Mitmenschen gegenüber sein. Außerdem leben Sie auf diese Weise Ihren Kindern Wege der guten Selbstfürsorge vor.

Giraffensprache lernen

Es ist nicht nur der Schulstress! Was Kinder wirklich stresst und in Folge häufig zu Symptomen führt, sind in erster Linie familiäre Spannungen und streitende Eltern. Wir könnten demnach davon ausgehen, dass familiäre Harmonie die allerbeste Stressprävention ist. Sofern es sich um echte Harmonie handelt, mag das zutreffen. Wenn Unstimmigkeiten oder Probleme hingegen häufig unter den Tisch gekehrt werden, dann scheinen Kinder oft die Leidtragenden zu sein.

Im familiären Zusammenleben treffen immer wieder unterschiedliche Wertvorstellungen, Ansichten und Bedürfnisse aufeinander. Somit wird das friedliche Zusammenleben in der „Herde" fast immer zur Herausforderung, und kleinere Reibereien gehören dazu. Ob Konflikte und Streitereien eskalieren und die familiäre Stimmung vermiesen, hängt jedoch stark von der Kommunikation ab. Je nach Temperament und Charakter gibt es mehr oder weniger hitzige

Diskussionen, und dennoch ist unsere Grundhaltung und Wortwahl oft entscheidend.

M. Rosenberg (Begründer der gewaltfreien Kommunikation) veranschaulicht dies ganz eindrücklich anhand der sogenannten Wolfs- und Giraffensprache. Meine Kinder finden diese Bezeichnungen zwar unfair, denn Wölfe wären nicht immer angriffslustig, genauso wenig wie die Giraffe nur Friedfertigkeit verkörpere. Da stimme ich ihnen durchaus zu, dennoch lässt sich die Unterscheidung der Kommunikationsstile von Rosenberg gut nachvollziehen.

Wolfssprache sprechen wir dann, wenn wir andere beschuldigen, anklagen, kritisieren und bewerten. Genau genommen gehört zur Wolfssprache nicht nur Kritik und Tadel, sondern auch Bewertung. Denn sobald wir eine andere Person bewerten, maßen wir uns an, über ihr zu stehen und sie beurteilen zu dürfen. Wichtiges Erkennungsmerkmal der Wolfssprache ist, dass wir damit nicht eigenes Erleben ausdrücken, sondern versuchen, die anderen zu bewerten, zu verändern oder zu manipulieren. Demnach ist die Wolfssprache häufig Quelle von Streit und Gewalt.

Die Giraffensprache ist hingegen die Sprache des Herzens (die Giraffe ist das Landtier mit dem größten Herz). Wir beschreiben unsere Beobachtungen, drücken unsere eigenen Bedürfnisse und Gefühle aus und respektieren die der anderen. Dies setzt voraus, dass wir zunächst unser eigenes Befinden wahrnehmen und dementsprechend unsere echten Bedürfnisse zum Ausdruck bringen. Diese Art und Weise miteinander zu kommunizieren, ermöglicht ehrliche und einfühlsame Begegnung, auch bei Uneinigkeiten.

Je häufiger Erwachsene in der Giraffensprache reden, umso eher lernen auch Kinder, ihre eigenen Bedürfnisse offen auszudrücken, ohne durch aggressive oder auffällige Verhaltensweisen auf sich aufmerksam machen zu müssen. Gewaltfreie Kommunikation ermöglicht eine Lösung von Konflikten, ohne einander zu verletzen oder abzuwerten.

M. Rosenberg beschreibt vier Schritte, die zur Orientierung dienen können:

1. Beobachtung beschreiben, statt zu bewerten;
2. eigene Gefühle wahrnehmen und ausdrücken;
3. Bedürfnis verstehen und benennen;
4. Bitte formulieren.

Stellen Sie sich folgende Situation vor: Ein Kind kommt zu spät nach Hause. Eine mögliche Reaktion in Wolfssprache wäre: „Schon wieder kommst du zu spät nach Hause, auf dich ist kein Verlass. Morgen bleibst du daheim ..." In Giraffensprache könnte sie so aussehen: „Es ist 18 Uhr, wir hatten vereinbart, dass du um 17 Uhr nach Hause kommst. Ich bin wütend, weil ich mich nicht ernst genommen fühle, außerdem habe ich mir Sorgen um dich gemacht. Ich bitte dich, in Zukunft zur vereinbarten Zeit nach Hause zu kommen oder mich zu verständigen, wenn es später wird."

Auch wenn in manchen Fällen die Giraffe mit dem Wolf tanzt, entschärfen sich Situationen meist erheblich, wenn einer der Beteiligten in ehrlichen ICH-Botschaften statt in beschuldigenden DU-Botschaften kommuniziert. Somit trägt eine ehrliche und empathische Kommunikation auf Augenhöhe sehr zu einem entspannten Familienleben bei.

IDEE

Vielleicht haben Sie selbst eine Situation vor Augen, die immer wieder zu Konflikten führt. Veranschaulichen Sie sich diese Situation und notieren Sie, was Sie in dieser Situation beobachten, selbst empfinden und sich wünschen. Wie könnten Sie sich in Giraffensprache ausdrücken?

Überzeugungen hinterfragen

ELEFANTENGESCHICHTE

(frei nach J. Bucay)

Es war einmal ein kleiner Junge. Dieser liebte Tiere. Besonders die Elefanten hatten es ihm angetan. Eines Tages ging er mit seinen Eltern in eine Zirkusvorstellung und bewunderte dort die Kraft und Stärke, die ein Elefant zur Schau stellt. Der Junge beobachtete, wie der Elefant nach der Vorstellung an einen kleinen Holzpflock gekettet wurde. Verwundert fragte er seine Eltern, warum der Elefant nicht ausbrechen würde, der könne doch sogar einen Baum samt Wurzeln ausreißen, so stark wäre er. Der Vater meinte, dass es sich ja um einen dressierten Elefanten handle und er daher artig am Pflock hängen bleibe. Der Junge reagierte überrascht: „Wenn er doch dressiert ist, warum muss er dann überhaupt angekettet werden?" Es leuchtete ihm nicht ganz ein, warum der Elefant einfach so am Pflock hängen blieb. Aber er vergaß diese Angelegenheit, bis er zufällig Jahre später einem Menschen begegnete, der sich dieselbe Frage gestellt und eine Antwort darauf gefunden hatte. Der Elefant bleibe deswegen am Pflock hängen, weil er seit frühster Kindheit dort angekettet wäre. Der Junge schloss seine Augen und stellte sich vor, wie der junge neugeborene Babyelefant am Pflock angehängt wurde. Er malte sich aus, wie dieser tagein, tagaus versuchte, vom Pflock wegzukommen ... bis er es eines Tages – und das war der verhängnisvollste Tag des Elefanten – seine Ohnmacht akzeptierte und seine Kraft nie wieder auf die Probe gestellt hatte.

So ergeht es vielen Menschen. Haben Sie im Kindesalter immer wieder gehört, dass Sie zwei linke Hände hätten, jähzornig oder schüchtern wären, Dinge nie wirklich zu Ende brächten, im Rechnen oder Lesen langsamer als die Geschwister wären, niemals ein Künstler würden oder unmusikalisch wären? Solche oder ähnliche Kommentare scheinen sich in unserem Gehirn festzusetzen und manchmal zu starren inneren Überzeugungen zu werden.

Die beste Chance, sich von inneren Pflöcken zu befreien, sind neue Erfahrungen. Manchmal lohnt es sich tatsächlich, genau das tun, was wir uns am wenigsten zutrauen – speziell, wenn uns das schon lange reizt. Vielleicht braucht es neue Wege oder die Unterstützung anregender vorbildhafter Begleiter. Menschen, die uns zutrauen, genau das zu lernen, was wir alleine nicht wagen würden. Solange wir davon ausgehen, dass wir dazulernen und uns selbst verändern können, haben wir sehr gute Voraussetzungen, uns selbst weiterzubilden.

Hinterfragen Sie auch, welche Einstellungen Sie Ihren Kindern gegenüber äußern. Sehr früh erhalten Kinder Kommentare zu ihren Eigenschaften und Leistungen, manchmal motivierend und bestärkend, ab und zu weniger. Jüngere Kinder übernehmen die Rückenmeldungen ihrer Eltern und Lehrer oft eins zu eins in ihr Selbstbild. Sie gehen davon aus, dass sie tatsächlich dumm, ungeschickt, langsam, unordentlich, unaufmerksam usw. sind, wenn sie solche Rückmeldungen erhalten. Außerdem werden Kinder und Jugendliche oft mit Altersgenossen verglichen und dementsprechend eingestuft, was dazu führen kann, dass sie rasch starre innere Überzeugungen entwickeln. Um das zu vermeiden, brauchen sie meist besonders viel Ermutigung und Unterstützung in den Bereichen, in denen sie sich wenig zutrauen und vor allem jemanden, der ihre Anstrengungen und Fortschritte wahrnimmt, auch wenn diese vergleichsweise klein ausfallen.

Manche inneren Pflöcke scheinen auf den ersten Blick praktisch und dienen sogar dem Schutz des Selbstwerts. Wenn wir etwas eh nicht können, brauchen wir uns auch nicht groß anzustrengen, oder?

Einmal kam ein Jugendlicher zu mir in die Praxis, der felsenfest davon überzeugt war, dass er nicht rechnen könne. Noch bevor wir uns gemeinsam eine Aufgabe ansahen, bemerkte er eine innere Blockade. Mit relativ einfachen mentalen Techniken gelang es uns diese zu lösen. Daraufhin schaffte er es, wieder klar zu denken und sich mit der Aufgabe wirklich zu befassen. Die schlimmste Erfahrung, die Kinder und Jugendliche beim Lernen machen können, ist, dass sie trotz großer Bemühungen wenig verstehen und negative Rückmeldungen erhalten. Sie verlieren so das Vertrauen in ihr Entwicklungspotenzial und verinnerlichen, dass Anstrengung wenig bringt. Jedes kleine Erfolgserlebnis und jede aufbauende Rückmeldung hingegen können dazu beitragen, dass sie sich von „inneren Pflöcken" Stück für Stück befreien.

REFLEXION

Wie stehen Sie zu sich selbst? Listen Sie spontan zehn Ihrer Eigenschaften und zehn Ihrer Fähigkeiten auf … Was fällt Ihnen dabei auf? Wie sind Sie zu diesen Einschätzungen gekommen? Welche davon sind hilfreich und aufbauend, welche weniger?

Chaos lieben lernen

Kennen Sie die Ordnungswut? Oder den Moment, in dem Sie es bereuen, die Kinderzimmertür auch nur einen Spaltbreit geöffnet und das darin herrschende Chaos erblickt zu haben?

Ordnung erleichtert den Überblick, gibt uns Struktur und damit verbunden das Gefühl, alles unter Kontrolle zu haben. Wir müssen Dinge nicht lange suchen, wenn sie ihren fixen Platz haben, und viele erleben weniger Stress, wenn sie einen klaren Zeitplan oder eine überschaubare To-do-Liste vor sich haben. Viele Menschen sind gerade aus diesen Gründen sehr ordnungsliebend und sind stressfreier, wenn alles einigermaßen nach Plan läuft. Im Idealfall teilen Partner und Kinder die gleiche Idee von Ordnung.

Gerade Kinder tun uns diesen Gefallen eher selten. Im Element ihrer Lebhaftigkeit, Spontanität, Experimentierfreude haben sie oft wenig Sinn für „Erwachsenen-Ordnung". Schon eher sehen wir am Boden oftmals eine horizontale Streuordnung. Aufräumen wird daher rasch zu einem leidigen Thema in der Familie.

Manche Eltern haben mitunter das Gefühl, im Chaos ihrer Kinder zu versinken. Dabei erleben Kinder die vermeintliche Unordnung völlig anders. Im Spiel und in ihrer Fantasie herrschen andere Ordnungsprinzipien, und trotzdem hat das Meiste seinen ganz bestimmten Platz. Kinder werden häufig im Spiel unterbrochen und manchmal dazu angehalten, ihre Spielsachen gleich wieder aufzuräumen. Dadurch begrenzen wir sie manchmal in ihrer Fantasie und Weiterentwicklung. Die Entwicklung von kreativen Lösungen wird beispielsweise gefördert, wenn auch mal zwei Spiele gleichzeitig am Boden liegen dürfen und im Spiel miteinander verbunden werden können.

Wahrscheinlich liegt auch Ihnen sehr am Herzen, dass Ihr Kind lernt, achtsam mit Dingen umzugehen und zunehmend selbst aufzuräumen. Gleichzeitig wünschen sich alle Beteiligten oft weniger Aufräumstress. Manchmal ist tatsächlich ein Übermaß an Spielsachen der Grund für Überforderung beim Aufräumen. Wenn manche Dinge zwischenzeitlich im Keller oder Dachboden verstaut werden, kann dies auch schon Erleichterung bringen.

Chaos lieben lernen könnte bedeuten, die kreative Unordnung im Kinderzimmer aus einem anderen Blickwinkel zu betrachten, ab und zu mal ohne Plan in den Tag hineinzuleben und nur dann aufzuräumen bzw. auf Ordnung zu bestehen, wenn es Ihnen wirklich wichtig erscheint. Zudem fällt gemeinsames Aufräumen in guter Stimmung bedeutend leichter, als wenn dies als Zwang und Pflicht erlebt wird.

Wenn es gelingt, eine gute, gemeinsam abgestimmte Balance zwischen Ordnung und Chaos zu finden, scheint das oftmals eine entlastende und befreiende Wirkung zu haben. Während Kinder nach und nach den Sinn von Ordnung verstehen, können Erwachsene lernen, ein kleines bisschen mehr Chaos und Kreativität zuzulassen. In seltenen Fällen ist es sogar umgekehrt.

Wie viel Ordnung brauchen Sie, wie viel Chaos können Sie ertragen? Haben Ihre Kinder nur so viele Spielsachen, wie sie gemeinsam Lust haben aufzuräumen? Wie gut können Sie und Ihr Kind sich von Dingen trennen?

Den Terminkalender frei machen

Ich lade Sie zu einem kleinen Experiment ein: Sofern Sie einen Terminkalender besitzen, egal ob digital oder im klassischen Papierformat, schlagen Sie diesen bitte auf und werfen einen Blick auf den morgigen Tag. Wie ist Ihnen zumute, wenn Sie ihr Programm für morgen sehen? Welche Gefühle nehmen Sie wahr? Aufregung, Gleichgültigkeit, Vorfreude, Langeweile, Anspannung, Angst, Zufriedenheit … Wie geht es Ihnen, wenn Sie auf die gesamte anstehende Woche blicken oder den gesamten nächsten Monat?

Vielleicht erleben Sie bereits eine angenehme Ausgewogenheit in Ihrer Termingestaltung, vielleicht merken Sie aber auch, dass Sie noch eine gesunde Balance finden möchten. Es ist natürlich nicht nur eine Frage der Zeit, sondern auch der Qualität, wie wir einzelne Lebensbereiche gestalten. Familie hat häufig oberste Wichtigkeit und Priorität, gleichzeitig verbringen viele Eltern die meiste Zeit bei der Arbeit. Manche gezwungenermaßen, um die Familie zu erhalten, bei anderen stehen eher soziale Verantwortung oder Selbstverwirklichung im Vordergrund. Häufig begleite ich sehr pflichtbewusste und leistungsorientierte Menschen, die sich selbst wenig Auszeiten oder Lustvolles gönnen – manchmal sogar meinen, sich unterhaltsame Auszeiten gar nicht zu verdienen oder leisten zu können. Andere hadern damit, eigentlich mehr Zeit mit der Familie verbringen zu wollen, gleichzeitig aber beruflich sehr gefordert zu sein.

Wenn wir genug entspannte Zeit mit den Menschen verbringen wollen, die uns im Leben wirklich wichtig sind, dann erfordert dies, dass wir unsere Prioritäten abwägen, Ziele klar definieren und den Terminkalender ausmisten. Manchmal haben wir mehr Spielraum, als wir denken. Leider nutzen wir diesen oft erst in Situationen, in denen es keinen anderen Ausweg gibt, als einen Gang zurückzuschalten oder manchmal sogar die Arbeit zu wechseln. Natürlich ist das schwieriger, wenn es uns gerade finanziell oder existenziell an den Kragen geht. Ansonsten bewährt es sich bei vielen, freie Zeiten im Vorfeld zu reservieren – für sich selbst und für die Familie – und diese im Kalender einzutragen. Dies ist besonders hilfreich für jene, die dazu neigen, Arbeitstermine in ihrer Freizeit einzuschieben, jederzeit abrufbar sein wollen oder schlecht Nein sagen können. Flattern plötzlich zusätzliche Termine herein, lohnt es sich – sofern es sich nicht gerade um Notfälle handelt –, sich Bedenkzeit zu geben, um herauszufinden, wonach einem gerade wirklich ist.

Viele Menschen schieben zwischen ihren beruflichen Terminen schnell ein Workout im Fitnessstudio oder sonstige Freizeittermine ein und meinen damit ihren Bedarf an Bewegung und Ausgleich zu erfüllen. Freizeitstress hat allerdings meist wenig erholsame Wirkung. Das gilt auch für den Nachwuchs. Auch die Terminkalender von Kindern und Jugendlichen gleichen heutzutage oft jenen von Burnout-gefährdeten Erwachsenen. So toll und förderlich viele Kurse sein mögen, meist werden die jungen Menschen dabei fremdbestimmt animiert. Die wirklich freie Zeit zum Spielen, Träumen, Kreativsein und Seele-baumeln-Lassen kommt darin oft zu kurz. Manche Kinder kennen Zeiträume, die nicht verplant sind, kaum und tun sich schwer, Freizeit selbst zu gestalten, weshalb sie sich dann medial berieseln lassen.

Regenerative Phasen der Entschleunigung dienen gerade bei einem „hyperaktiven" Lebensstil als wertvolle Gesundheitsvorsorge für die ganze Familie. In dieser Zeit gleichen sich normalerweise Herzschlag und Atmung an, was zu einer besseren Herzratenvariabilität (= HRV) führt. Die Herzratenvariabilität wird heutzutage neben dem Cortisolspiegel häufig als Maß für Erschöpfung und Stress-belastung gemessen. Menschen, die sich selbst wenig Druck auf-erlegen, Stress gut managen können und locker mit den alltäglichen Herausforderungen umgehen, haben auch bessere HRV und Cortisol-werte. Ein gutes Stressmanagement zu lernen, lohnt sich unserer Gesundheit zuliebe!

Es ist wundervoll, Kinder beim freien Spielen zu beobachten: Sie erfinden miteinander Spiele, übernehmen verschiedene Rollen, lassen ihrer Fantasie freien Lauf, legen eine Rangordnung in der Gruppe fest, lösen Konflikte, finden Kompromisse, probieren ver-schiedene Bewegungsformen wie Laufen, Springen, Klettern, Balan-cieren, singen und musizieren gemeinsam, helfen einander, messen sich aneinander … und sie lernen nebenbei, ganz unauffällig, vieles, was sie im Leben brauchen. Am liebsten spielen sie übrigens außer-halb des Blickfeldes kontrollierender Erwachsener. Was gibt es Span-nenderes, als spielend die Welt zu entdecken?

❧❧ Kinder sollten mehr spielen, als viele Kinder es heutzutage tun. Denn wenn man genügend spielt, solange man klein ist, dann trägt man Schätze mit sich herum, aus denen man später sein ganzes Leben lang schöpfen kann. Dann weiß man, was es heißt, in sich eine warme, geheime Welt zu haben, die einem Kraft gibt, wenn das Leben schwer wird. Was auch geschieht, was man auch erlebt, man hat diese Welt in seinem Innern, an die man sich hal-ten kann. ❧❧ ASTRID LINDGREN

REFLEXION

Wenn Sie der Frage nachgehen, was Ihnen im Leben wirklich wichtig ist, welche Bereiche fallen Ihnen als Erstes ein? Wie viel Zeit widmen Sie diesen tatsächlich, und wie zufrieden sind Sie in den einzelnen Bereichen (z. B. Gesundheit, Familie, Beziehung, Freunde, Arbeit, Ausbildung, Bewegung, Ernährung, freie Zeit, Kultur, soziales Engagement, Erholung, Natur, Reisen, Selbstverwirklichung, Spirituelles)?

Digitale Auszeiten genießen

Was tun Sie, wenn Sie etwas nicht wissen? Was machen Sie, wenn Sie sich einsam fühlen? Wie helfen Sie sich, wenn Sie die Orientierung verloren haben? Wie vertreiben Sie Langeweile? Googeln, chatten, spielen und surfen. Noch nie hatten wir so leichten Zugang zu Information, Kommunikation und Entertainment: Mit dem Smartphone und anderen Geräten in der Tasche führen wir eine virtuelle Welt ungeahnten Potenzials ständig mit uns. Wie es scheint, eine geniale Erfindung und potenzielle Droge zugleich.

So gibt es sehr fortschrittliche Entspannungsapplikationen, mithilfe derer man u. a. gezielte Atemregulation lernen kann. Gleichzeit wäre das Abschalten des Geräts mental gesehen oft die beste Entspannung. Kein Wunder, dass sich digitale Detoxkuren derzeit zur neuen Therapieform entwickeln.

Hirnforscher und Medienpädagogen führen mitunter hitzige Debatten darüber, inwieweit wir von den zunehmenden virtuellen Möglichkeiten profitieren, aber auch welche negativen Nebenwirkungen wir zu erwarten haben. Das Dilemma dabei: Wir stecken mittendrin in der digitalen Evolution und sehen schlecht über den Tellerrand hinaus. Außerdem sind die langfristigen Folgen kaum abschätzbar.

Verblöden wir zunehmend, weil wir selbst nicht mehr so viel überlegen, beim geringsten Zweifel Mr. Google konsultieren? Schwindet unsere Gedächtnisleistung, weil wir uns Fakten nicht mehr merken brauchen, sondern sie in Windeseile abrufen können? Verlieren wir den Sinn für Orientierung, weil wir smarten Geräten die Navigation überlassen? Werden Kinder traumatisiert, weil sie immer früher mit blutrünstigen, überfordernden Bildern konfrontiert werden? Werden Haltungsschäden, Beeinträchtigung der Sehkraft, Folgestörungen von zunehmendem Bewegungsmangel ausarten? Beuten wir die Ressourcen aus für die Herstellung von Geräten oder das Speichern von Daten in gigantischen Serverhallen?

Oder aber nimmt das Wissen stetig zu, weil wir auf Information gezielter und schneller zugreifen können? Profitieren wir vom internationalen Austausch und von Kontaktmöglichkeiten in Realzeit? Verbessert sich die Reaktionsgeschwindigkeit und Konzentration durch Online-Spiele? Steigt gar unser Selbstwertgefühl, wenn wir positive Kommentare auf virtuellen sozialen Plattformen erhalten? Schonen wir die Umwelt etwas mehr, weil wir weniger drucken und krisenbedingt weniger reisen?

Über die Vor- und Nachteile zu diskutieren, ist spannend, eröffnet gerade auch Kindern und Jugendlichen neue Perspektiven, endet aber manchmal, wie hier bereits abgebildet, in einer Schwarz-Weiß-Malerei. Dazwischen liegen in Wirklichkeit viele Grautöne und zudem kommt es auch auf die Dosis der Nutzung an.

Erwachsene, die das eigene Medienverhalten ab und an kritisch hinterfragen und ganz bewusst digitale Auszeiten genießen, haben erfahrungsgemäß weniger Probleme damit, den eigenen Kindern einen gesunden, wohldosierten Umgang mit digitalen Medien vorzuleben.

Neue Medien wurden seit eh und je argwöhnisch betrachtet. Doch Wissen ist Macht – je besser Eltern sich auskennen, umso leichter fällt es ihnen, mit jungen Menschen darüber zu diskutieren und gemeinsam auch Grenzen auszuhandeln.

Kinder und Jugendliche sind heutzutage meist Profis in der Anwendung, sie kennen soziale Plattformen, Spiele, Video- und Streaming-Seiten usw. bestens. Viele sind auch in den Bereichen Sicherheit und Datenschutz gut aufgeklärt, kennen außerdem wichtige Verhaltensregeln im Netz. Erfahrungsgemäß wissen junge Menschen aber weniger darüber Bescheid, wie sich exzessiver digitaler Medienkonsum auf Gehirn und Körper auswirken, welche Bedürfnisse damit gestillt werden und wie groß das wirtschaftliche Interesse dahinter ist, die Konsumenten rasch und langfristig im Netz „gefangen" zu halten.

Dass Social Media und Online-Spiele so unglaublich populär sind und viele sich darin verlieren, hängt u. a. damit zusammen, dass die Entwickler in ihren Forschungslaboratorien die allerbesten Verführungsstrategien ausgeklügelt haben. Motivationspsychologisch erfüllen sie die zentralen Bedürfnisse der Konsumenten wie in Kontakt sein, gesehen werden, Anerkennung bekommen, Herausforderungen meistern, um das Überleben kämpfen, Verantwortung übernehmen, verschiedene Identitäten ausprobieren, Lustvolles erleben usw. Die Entstehung von Filterblasen, Verbreitung von Fake News und die Erfahrung von Cybermobbing sind dabei allerdings nur einige potenzielle Risiken.

Auch sehr erfolgreiche leistungsorientierte Menschen fühlen sich im Netz manchmal den Kommentaren von Followern und Fans ausgeliefert, obwohl sie von der virtuellen Bühne oftmals profitieren.

Hinter dem Streben nach Leistung stehen verschiedene Motive: Selbstverwirklichung, Potenzialausschöpfung, Ergebnisse, Erfolg, Gewinne und vor allem auch soziale Anerkennung. Dies gilt für die allermeisten Menschen, manchmal reicht es sogar, Fan zu sein und sich beispielsweise mit erfolgreichen Sportlern oder Mannschaften zu identifizieren.

So berichtete mir ein Profisportler von seinen Erfahrungen. Zu Beginn seiner Karriere, als Posts und Likes in den Sozialen Medien noch unbedeutend waren, wären die Fans auf ihn zugekommen, hätten sich interessiert mit ihm unterhalten. Heute reiche ihnen meist ein schnell geknipstes Bild mit ihm, welches sie auf Instagram stellen können. Klar, wer möchte nicht mit bedeutungsvollen Menschen im Rampenlicht stehen?

Die ständige mediale Berieselung oder die ewige Suche nach Selbstbestätigung im Netz scheint dennoch wenige Menschen langfristig glücklich zu machen. Und viele bemerken dies erst dann oder erst recht, wenn sie sich längere digitale Auszeiten gönnen.

REFLEXION

Wie viel Bildschirmzeit verbuchen Sie in Ihrer Freizeit? Wie viel von dieser Zeit erleben Sie als sinnvoll genutzt – wie viel davon als vergeudete Zeit? In welchen Momenten erleben Sie das ONLINE-Sein als wohltuend und entspannend – wann hingegen als Stress?

Gesund und genussvoll miteinander speisen

Dass eine gesunde und ausgewogene Ernährung eine wesentliche Voraussetzung für unser körperliches Wohlbefinden ist, ist nichts Neues. Was aber häufig unterschätzt wird: Die Ernährung spielt auch eine wichtige Rolle für die psychische Gesundheit und unseren mentalen Zustand. Es gibt zahlreiche wissenschaftliche Untersuchungen, die den Einfluss der Ernährung auf die Gehirnentwicklung und die Stimmung belegen.

So führt beispielsweise ein Mangel an Omega-3-Fettsäuren (ungesättigte Fettsäuren, wie wir sie beispielsweise in Nüssen, Fisch oder hochwertigen pflanzlichen Ölen finden) zur Beeinträchtigung der neuronalen Entwicklung. Die Nervenzellen im Gehirn weisen eine veränderte Struktur auf, und die Kommunikation zwischen den Nervenzellen vermindert sich. Eine ungesunde fett- und zuckerreiche oder einseitige Ernährung hingegen steht nachweislich in engem Zusammenhang mit schlechter Stimmung, schwachen Denkleistungen und einem erhöhten Stresslevel.

Gerade bei stressgeplagten Menschen, jugendlichen Mädchen und jungen Sportlern sind Mangelerscheinungen keine Seltenheit. Viele nehmen Nahrungsergänzungsmittel wie Mineralstoff- oder Vitaminpräparate zu sich, ohne medizinisch abgeklärt zu haben, welche Stoffe dem Körper wirklich fehlen. Bevor Sie unnötigerweise oder zu falschen Nahrungsergänzungsmitteln greifen, ist es sinnvoll, sich eingehend untersuchen und beraten zu lassen.

Wie verändert sich Ihr Essverhalten, wenn Sie unter Stress stehen? Essen Sie mehr, weniger, schneller oder langsamer? Zu welchen Nahrungsmitteln greifen Sie hingegen eher, wenn Ihnen gerade langweilig ist? Der emotionale Zustand beeinflusst bei einem Großteil der Menschen das Essverhalten. So kennen auch viele Menschen das im Volksmund genannte „Frustessen", welches sie pflegen, wenn sie sich beispielsweise einsam, unzufrieden, überfordert oder traurig fühlen. Im Grunde eine naheliegende früh erlernte Strategie, um mit Unbehagen umzugehen. In den ersten Lebensmonaten bekommen wir nämlich für gewöhnlich Nahrung und körperliche Zuwendung zugleich. Vermutlich deswegen wird der Wunsch nach Wärme und Zuneigung oft auch in späteren Jahren über Nahrung zu stillen versucht. Darauf sind wir schlichtweg konditioniert, und auch weiterhin scheint das wunderbar zu funktionieren. Im Normalfall gibt es bei den ersten Bissen sowieso eine kleine Dopaminausschüttung, und wir gewöhnen uns schnell an diesen unbewusst ablaufenden Belohnungsmechanismus.

Abgesehen davon gibt es verschiedene Arten von Hunger. Ich finde es sehr spannend zu erforschen, um welche Art von Hunger es sich handelt, wenn das Verlangen nach Nahrung auftaucht. So gibt es den Augenhunger, den die meisten Menschen dann erleben, wenn sie ein fein hergerichtetes Büfett oder einen schön angerichteten Teller sehen. Als Nasenhunger kennen Sie wahrscheinlich die Momente, in denen

Sie leckere Düfte riechen, wie beim Vorbeigehen an einer Bäckerei oder zu Hause beim Kochen. Eine besondere Freude beim Essen mit allen Sinnen erlebt auch der Mund. Die Party im Mund lässt sich mit verschiedenen Konsistenzen an Nahrung besonders auskosten, deshalb lieben wir für gewöhnlich neben der Vielfalt an unterschiedlichen Geschmacksnoten auch die Abwechslung in der Struktur und Form von Nahrung. Der Herzhunger wurde bereits angesprochen. Dieser taucht auf, wenn wir bestimmte Bedürfnisse und Gefühle empfinden. Da kann es vorkommen, dass zum Beispiel eine heiße Schokolade oder ein Bier uns für eine Weile das Gefühl von Wärme oder Entspannung geben. Solange wir nicht ständig und nur damit unsere eigentlich anderen Bedürfnisse kompensieren, ist das auch in Ordnung. Ansonsten kann dies in die Sucht und Abhängigkeit führen. Schließlich gibt es natürlich den physiologischen Hunger, spürbar, wenn sich der leere Magen zusammenzieht. Dieses ursprüngliche Hungergefühl, welches unser Überleben sichert, erleben viele Menschen in Industrieländern gar nicht so oft, weil sie schon beim ersten Verlangen zu Nahrung greifen.

Immer mehr Eltern befassen sich mit gesunder, ausgewogener und nachhaltiger Ernährung für sich und die Familie. Das genussvolle und achtsame Essen beginnt eigentlich mit dem gemeinsamen Anbauen von Obst und Gemüse oder dem kultivierten Einkaufen und Zubereiten von Speisen. Eine achtsame Wahrnehmung des eigenen Zustandes hilft uns, das zu uns zu nehmen, was wir gerade wirklich brauchen.

Auch wenn Kinder immer wieder Phasen haben, in denen sie sehr wählerisch und wenig experimentierfreudig sind, können wir ihnen gesunde Ernährung und die Freude am Zubereiten von Speisen durchaus schmackhaft machen. Zwang und strikte Verbote bewirken eher das Gegenteil, führen manchmal sogar dazu, dass Kinder und Jugendliche heimlich genau die Dinge konsumieren, die zu Hause strengstens verboten sind. Erfahrungsgemäß ist es dann sinnvoller, darüber zu diskutieren, gemeinsam Informationen zu sammeln und sich beraten zu lassen.

IDEE

Kochen und experimentieren Sie gemeinsam mit Ihren Kindern. Wenn Sie Freude daran finden, probieren Sie einmal pro Woche ein neues Rezept, oder erfinden Sie miteinander eines. Dann bleibt nur noch eines: Die Party für alle Sinne genießen!

Erholsam schlafen

Ein gesunder erholsamer Schlaf ist wie ein Geschenk – und nicht selbstverständlich! Schlaf lässt sich nicht befehlen, gleichzeitig können Sie selbst sehr viel dazu beitragen, dass Sie und Ihr Kind Ruhe und Erholung im Schlaf finden. Wer ausreichend und gut schläft, ist nicht nur körperlich und mental leistungs- und lernfähiger, sondern auch besser gestimmt als jemand, der eine Nacht geraubten Schlafes hinter sich hat. Dauerhafter Schlafmangel führt langfristig fast ausnahmslos zu gesundheitlichen Beschwerden.

Übermäßige Sorgen, wiederkehrende Angstzustände und erlebter Leistungsdruck sind weit verbreitete Schlafkiller. Nicht nur Erwachsene, sondern auch Kinder leiden oft darunter und können aufgrund dessen schlecht ein- oder durchschlafen.

Schlafen ist kein einfaches Abschalten. Im Schlaf arbeiten Gehirn und Körper nonstop: Erlebte Eindrücke werden verarbeitet, Wissen wird konsolidiert, neue neuronale Verbindungen werden geknüpft und essenzielle Regenerationsprozesse laufen ab. Es gibt verschiedene Schlafphasen, in denen sich Gehirnwellen unterschiedlicher Frequenzen messen lassen. Einschlaf-, Leichtschlaf-, Tiefschlaf- und Traumphasen entsprechen jeweils verschiedenen Gehirnaktivitäten. Besonders erholsam sind nachweislich die Tiefschlafphasen, in denen die Herzfrequenz absinkt, das Immunsystem auf Hochtouren arbeitet und Informationen im Langzeitgedächtnis abgespeichert werden. Emotionale Eindrücke scheinen eher in den Traumphasen (auch REM-Phasen), in denen sich sichtbar die Augenlider bewegen, verarbeitet zu werden.

Stressgeplagte Menschen schlafen meist weniger, weil sie in der Nacht mehr grübeln bzw. erreichen nicht so viele Tiefschlafphasen, weil das überaktivierte Nervensystem in ständiger Alarmbereitschaft verbleibt. Erst bei einem sehr hohen Erschöpfungslevel fallen Betroffene für kurze Zeit in den Tiefschlaf – ansonsten haben sie meist das Gefühl, nur oberflächlich zu schlafen und wenig erholt aufzuwachen.

Bei akuten Problemen, hoher Stressbelastung, Schmerzen, Krisen oder nach sehr stressreichen Erfahrungen, welche den Schlaf beeinträchtigen, ist eine medizinische oder therapeutische Begleitung ratsam. Die bewusste Verarbeitung von Erlebtem, die Linderung von Schmerzen und das Lösen von Problemen helfen u. a. in einen gesunden Schlaf zurückzufinden. Auch in hormonellen Umstellungsphasen wie in der Pubertät oder in den Wechseljahren treten Schlafstörungen häufiger auf.

Eine bewährte Hilfe zum Einschlafen ist das Pflegen einer guten Schlafhygiene. Diese beinhaltet weitgehend gleichbleibende Schlafzeiten (die ersten drei bis vier Stunden sind die erholsamsten), zur Ruhe zu kommen am Abend (kein allzu intensives Training; gilt vor allem für Erwachsene, die schlecht einschlafen können), Abschalten von elektronischen Medien etwa eine Stunde vor dem Zubettgehen (viele schlafen zwar vor dem TV ein, die Schlafqualität ist aber durch flackerndes Licht und die einwirkende Informationsflut trotzdem nachweislich beeinträchtigt) und eine leichte Kost in den Abendstunden. Der Konsum von Alkohol mag zwar eine entspannende Wirkung haben, aber die Schlafqualität ist schlechter, weil der Körper im Schlaf zusätzliches Zellgift abbauen muss. Wenn Sie sich hingegen viele Gedanken über Erlebtes machen oder sich damit beschäftigen, was Sie am nächsten Tag alles zu erledigen haben, dann ist das Führen eines Tagebuches oder die Erstellung eines Planes hilfreich und erleichtert mentales Abschalten. Außerdem lassen sich relativ leicht Entspannungstechniken (Atemübungen, Yoga, autogenes Training, progressive Muskelrelaxation) erlernen. Mit etwas Übung helfen diese sehr gut, das Aktivierungslevel zu senken. Genauso wertvoll sind natürlich eigene bewährte Abendrituale wie eine Tasse Tee oder Milch mit Honig, ein Bad, entspannende Gespräche, Lektüre, Musik …

Kleine Kinder und manchmal auch etwas größere schlafen gerne in der Nähe ihrer Eltern. Das gibt ihnen das Gefühl von Schutz, Sicherheit und Wärme. Außerdem sind sie so näher bei ihrer Nahrungsquelle, was vermutlich auch das Gefühl existenzieller Sicherheit gibt. In den allermeisten Kulturen ist es selbstverständlich, dass Kinder bei ihrer Mutter schlafen, und dies geht oft lange über die Stillzeit hinaus. In vielen Studien konnte nachgewiesen werden, dass dies die Selbstregulation der Kinder unterstützt. Sogar Herzschlag, Atmung und Temperatur sind stabiler, wenn Säuglinge bei ihren Müttern schlafen (sofern diese sich selbst wohlfühlen, nicht rauchen und keine anderen psychoaktiven Substanzen konsumieren). Zwar wachen Säuglinge im Elternbett häufiger auf, schlafen aber rascher wieder ein. Demnach ist die gesamte Wachzeit im Durchschnitt kürzer als bei Babys, die getrennt von ihren Eltern schlafen. Ausschlaggebend ist aber, dass sich alle in der Familie möglichst wohlfühlen, um nachts unbeschwert zu ruhen.

Viele Eltern wundern sich, wenn ältere Kinder oder manchmal sogar Jugendliche in der Nacht auf einmal wieder die Nähe der Eltern suchen. Gerade in Übergangsphasen, bei neuen Herausforderungen oder Sorgen ist dies sogar häufig so. Das bedeutet, dass Sie als Eltern für Ihr Kind der Garant für Sicherheit sind und dass es in diesen Phasen Ihre Nähe braucht. Wohltuende Berührung und Geborgenheit zu erleben, ist oft wertvoller als viele aufmunternde Worte.

TIPP

Meist wissen wir genau, was uns unser Wohlbefinden steigern würde, wir bräuchten es nur öfter zu tun. Welche Wohlfühlrituale tun Ihnen gut? Was braucht Ihr Kind, um am Abend zur Ruhe zu kommen? Gestalten Sie Ihren Abend um, wenn Sie den Eindruck haben, dass Sie abends schwer abschalten können.

In Bewegung bleiben

Hüpfen, laufen, spielen, balgen, tanzen und klettern Sie mit Ihren Kindern? Wenn nicht, dann lassen Sie sich ruhig ab und zu von Ihrem Nachwuchs anstecken, denn das Vergnügliche am Elternsein ist auch, dass wir nochmals richtig spielen und uns unbefangen bewegen dürfen. Zu Beginn mag es ungewohnt sein und etwas Überwindung erwachsener Trägheit kosten, aber einmal in Schwung empfinden es die allermeisten Eltern selbst als unterhaltsam.

Warum verlieren wir mit fortschreitendem Alter unseren natürlichen kindlichen Bewegungsdrang? Wann haben Sie sich zum letzten Mal ausgelassen und frei bewegt, ohne einem Trainingsprogramm zu folgen? Erfahrungsgemäß spüren nur wenige Erwachsene genau, wann, wie viel und welche Form von Bewegung ihr Körper gerade bräuchte. So verharren viele in belastenden Körperpositionen, bemerken erste Anzeichen von Verspannungen kaum, atmen schnell und flach – andere hingegen trainieren falsch oder übermäßig. Erst wenn ernsthafte gesundheitliche Probleme auftauchen, wenden viele Erwachsene sich ihrem Körper zu. Jahrelanges Stillsitzen in der Schule und unzureichende Bewegungsfreiräume (besonders in den Städten) tragen dazu bei, dass auch Kinder und Jugendliche sich immer weniger bewegen.

Bis zum Schuleintritt können wir beobachten, wie Kinder begeistert die Möglichkeiten ihres Bewegungsapparates entdecken, sich in Kraft, Schnelligkeit, Koordination, Gleichgewicht usw. rasant verbessern, aber auch ganz nach Gespür zwischen Phasen hoher Aktivität und mehr Ruhe wechseln. Im herkömmlichen Unterrichts-setting können Kinder sich hingegen nicht mehr frei bewegen und ihrem innersten Bewegungsbedürfnis nachgehen. Die Körperhaltung verschlechtert sich augenscheinlich von Jahr zu Jahr.

Wenn Kinder mir von den schönsten Momenten in der Schule berichten, dann sind das in erster Linie Momente, in denen sie sich frei von Druck und Zwang fühlen. Dabei wird die Pause am häufigsten genannt, aber auch Freiarbeit, Turnstunden oder interessante Projekte, in denen sie sich selbst engagieren können, zählen dazu.

Eine gute Beziehungsqualität zur Lehrperson und zu den Mitschülern trägt natürlich besonders zum Wohlgefühl bei, aber ebenso wichtig scheinen die Bewegungsmöglichkeiten.

Lehrpersonen fällt der Bewegungsmangel oft erst auf, wenn die Kinder unruhig, aggressiv und zappelig werden. Selbst nehmen sie ihn aber weniger wahr, weil der Bewegungsdrang mit zunehmendem Alter nachlässt und sie aber tatsächlich mehr in Bewegung sind – sie stehen oder gehen öfters durch die Klasse als ihre Schüler. Insgesamt scheint sich über die Schul- und Ausbildungszeit eine Bewegungsabgewöhnung anzubahnen. Hinzu kommt, dass Jugendliche und Erwachsene in Pausen immer häufiger eher Daumensport am Handy betreiben, als gemeinsam zu spielen und sich zu bewegen.

Die Folgen von Bewegungsmangel stellen sich oft schleichend ein. Die Knochen, die Muskulatur, das Herz-Kreislauf-System, die Organe, das Immunsystem … ja der ganze Organismus braucht regelmäßige und vielseitige Bewegung, um gesund zu bleiben. Während Kinder und Jugendliche vor allem aus Spaß und Vergnügen an Bewegung und an gemeinsamer Aktivität mit Freunden gerne Sport betreiben, rücken bei Erwachsenen gesundheitliche Motive in den Vordergrund.

Jugendliche, die mehrmals in der Woche Sport betreiben, schätzen nicht nur ihre Gesundheit besser ein, sondern auch ihre Stimmung, Konzentrationsfähigkeit, Stressresistenz und ihr Selbstbewusstsein. Bewegung kurbelt die Glücksfabrik im Körper an: Beim Sport werden u. a. Dopamin, Endorphine und Serotonin ausgeschüttet. Diese Hormone beeinflussen Glücksempfinden, Motivation und Ausgeglichenheit maßgeblich. Wenn Sie langfristig körperlich leistungsfähig, geistig fit und emotional ausgeglichen sein möchten, dann tun Sie sich selbst Gutes in Form von Bewegung. Ihr Kind wird es Ihnen aller Wahrscheinlichkeit nach gleichtun.

Wenn Sie eher dazu neigen, ständig in Bewegung zu sein, oder das Gefühl haben, immerzu etwas tun zu müssen, dann können Sie den Couch-Potatos durchaus etwas abschauen und zwischendurch die Beine im Liegestuhl hochlegen. Kostet es Sie hingegen Überwindung, sich regelmäßig zu bewegen, dann lohnt es sich, den inneren Schweinehund besser kennenzulernen und zu überlisten. Leichter gelingt dies erfahrungsgemäß, wenn man sich mit Freunden verabredet und wirklich dem nachgeht, was einen freut. Warum sollten Sie Nordic Walking betreiben, wenn Sie lieber tanzen gehen oder umgekehrt? Für Ihr Kind gilt natürlich dasselbe. Ob Bewegung an Land, im Wasser oder in der Luft – Sport soll in erster Linie Spaß machen und unser Wohlbefinden steigern.

Mit Musik in Stimmung kommen

Welche Klänge berühren Sie auf angenehme Art und Weise? Welcher Rhythmus bringt Sie in Schwung? Welche Geräusche gehen Ihnen hingegen durch Mark und Bein? Bei welchen Melodien spüren Sie Gänsehaut?

Seit eh und je scheint der Mensch fasziniert von der bunten Vielfalt an Schallwellen, spielt und experimentiert damit, um verschiedenste Stimmungen auszudrücken und zu erleben. Musik ist ein direktes Tor zur Emotion. Wir können lachen, weinen, ruhig werden, neue Energie aufladen, uns inspirieren lassen … Musik wirkt. Im Sport wird Musik sogar als unerlaubtes Dopingmittel, welches zu Höchstleistungen pushen kann, betrachtet. Medizinisch und therapeutisch wird Musik zunehmend gezielt angewandt, da sie u. a. nachweislich einen positiven Einfluss auf Schmerzempfinden, Stresserleben und Stimmung hat.

Je nach Frequenz, Tonlage und Geschwindigkeit bewirkt sie unterschiedliche emotionale Zustände. Außerdem gibt es kulturelle, altersspezifische und individuelle Vorlieben. Während im ostasiatischen Raum beispielsweise eher langsamere, ruhigere Stücke gehört werden, bevorzugen Menschen in Lateinamerika spritzigere, lebendigere Musik. Jugendliche scheinen generell Musikgenres mit mehr Beats pro Minute zu hören als ältere Menschen. Außerdem spielen individuelle Musikerinnerungen in Verbindung mit ehemaligen Lebensgefühlen, speziell in Kindheit und Jugend, eine prägende Rolle und beeinflussen unsere musikalischen Vorlieben.

Kleine Kinder wiegen wir beruhigend und oft summend in den Schlaf, mit etwas Älteren klatschen, trommeln, singen, tanzen wir in der Regel unbekümmert, selbst dann, wenn wir keine begnadeten Musiker sind. Wir scheinen einen intuitiven Zugang zur Musik zu haben. Gehirnforscher haben entdeckt, dass es beim Anhören von individuellen Lieblingsstücken zu einer regelrechten Überflutung von Dopamin in Kernstücken des Belohnungssystems kommt.

Der gefühlvolle Effekt von Musik geht hingegen oft verloren, wenn wir uns ständig von ihr berieseln lassen. Interessanterweise müssen wir Melodien oder Lieder oft einige Male hören, um eine Beziehung zu ihnen aufzubauen. Langfristig oder bei häufiger Wiederholung tritt jedoch Gewöhnung ein, und manchmal können wir Lieder, die uns zunächst gefallen haben, irgendwann gar nicht mehr hören. Sie hängen uns sozusagen zu den Ohren heraus. Daher ist es wie mit anderen Genussmitteln auch: weniger, dafür bewusst fein dosiertes und qualitativ hochwertiges Konsumieren ist oft mehr als die ständige Überdosis.

Wer selbst unbeschwert singt oder musiziert, lebt mitunter glücklicher, darauf deuten verschiedene Untersuchungen hin. Es ist auch nahezu unmöglich zu singen und gleichzeitig massiven Stress zu erleben, denn beim Singen folgt die Atmung einem Rhythmus, der eine entspannende Wirkung auf den gesamten Organismus hat. Singen im Chor scheint sogar ähnliche Effekte wie das Praktizieren von Yoga zu haben, die Herzschläge der Sänger beginnen sich aneinander mehr anzugleichen und folgen synchron zum Atemrhythmus.

Manche Eltern fragen unterdessen: Macht Musik schlau? Werden musizierende Kinder intelligenter, oder musizieren intelligente Kinder häufiger? Diese Fragen sind nicht vollständig geklärt, aber die Wechselwirkungen wurden in verschiedensten Studien untersucht. Tatsächlich scheint das Musizieren die geistige Flexibilität und Sprachentwicklung von Kindern zu fördern. Jugendliche, die regelmäßig musizieren, weisen im Durchschnitt bessere Schulleistungen auf als Gleichaltrige, die kein Instrument spielen. Vor allem machen sie eine besonders wichtige Erfahrung: Übung macht den Meister, und Anstrengung wird mit hörbaren klangvollen Fortschritten belohnt. Beste Voraussetzung für Freude am gemeinsamen Musizieren sind auch das Interesse, die Neugier und die bestärkende Anregung von uns Erwachsenen. Vor allem wenn wir selbst begeistert mitsingen oder spielen.

Wählen Sie drei verschiedene Musikstücke (möglichst verschiedene Stilrichtungen), und hören Sie diese – gerne auch mit Ihren Kindern – hintereinander, mit einer kleinen Pause dazwischen. Versuchen Sie sich voll und ganz auf die Musik und ihre Empfindungen zu konzentrieren. Welche emotionalen Unterschiede können Sie wahrnehmen?

Mut zur Kreativität schöpfen

„Ich kann nicht zeichnen." Diesen Satz höre ich in der Begleitung von Erwachsenen, aber auch von Kindern, immer wieder. Diese Überzeugung ist im ersten Moment oft eine regelrechte Blockade. Viele halten den Stift verkrampft in den Fingern und starren besorgt auf das weiße Blatt, das vor ihnen liegt.

Ein Mädchen wollte einmal seine eigene Katze zeichnen, traute es sich aber nicht zu. Es schilderte mir zunächst das Aussehen der Katze. Ich erkundigte mich nach den Augen, die es mir anschaulich beschrieb. Als ich es dann einlud, mir die Augen aufzuzeichnen, begann es zunächst zögerlich, dann immer selbstsicherer und so entstand Körperteil für Körperteil das Bild seiner Katze. Mit sichtlicher Freude betrachtete es am Ende sein Kunstwerk.

Es ist die Diskrepanz zwischen unseren oft klaren Vorstellungen und dem, was wir meinen oder wissen, auf das Papier bringen zu können. Bei Dreijährigen kullern durchaus mal Tränen der Enttäuschung auf das Papier, oder sie zerreißen ihre Blätter im brodelnden Wutanfall, wenn ein Bild nicht so gelingt, wie sie es im Kopf hatten. Im Verlauf der Entwicklung lernen wir zwar zunehmend, mit der Diskrepanz zwischen Soll- und Istzustand umzugehen, trotzdem verlieren viele Zutrauen und Interesse am Zeichnen und Malen. Vor allem dann, wenn unsere frühen Bilder elterlicher oder kunsterzieherischer Bewertung unterlagen. Dennoch steckt in jedem Menschen kreatives Potenzial und meist auch die Sehnsucht, dieses auszudrücken.

Ihrer Kreativität können Sie natürlich auch beim Basteln, Töpfern, Stricken usw. freien Lauf lassen. Tatsächlich steigern freudvolle kreative Tätigkeiten unser Wohlbefinden und haben einen nachweislichen Entspannungseffekt.

Im kreativen Tun können wir auch Emotionen zum Ausdruck bringen. Während wir negativ erlebte Gefühle wortlos ausdrücken, können wir aus diesen Bildern auch Neues und Schönes kreieren. Der bloße Ausdruck von negativen Emotionen alleine führt erfahrungsgemäß nämlich nicht immer dazu, dass Menschen sich hinterher besser fühlen. Manchmal ist es auch einfach die ablenkende kreative Beschäftigung, welche gute Laune macht.

In ihren Zeichnungen lässt sich manchmal erkennen, was die Kinder gerade beschäftigt. Erlebnisse, Bedürfnisse und Träume können beim freien Zeichnen und Malen zum Ausdruck kommen. Dies geschieht aber erst, wenn Kinder von einzwängenden Erwartungen und Vorstellungen befreit werden und nicht jedes

Bild gleich kommentiert wird. Wenn unsere Kinder sich abseits von bestaunender Anerkennung und besserwisserischer Kritik kreativ entfalten können, dann kann ihr innerstes Erleben zum Ausdruck kommen, und sie selbst können diesem Bedeutung geben, ohne dass wir Erwachsenen irgendetwas hineininterpretieren.

Es ist ein Geschenk – das wir uns selbst auch machen können – einer kreativen Tätigkeit nachzugehen, bei der der Weg das Ziel ist. Das Ergebnis bleibt offen, und wir dürfen ohne Vorgaben unterwegs sein.

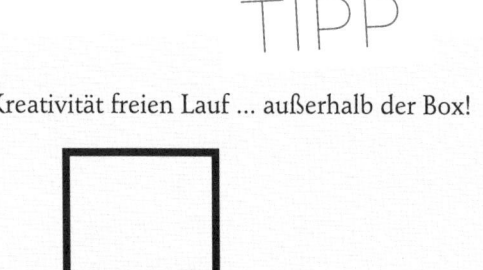

Lassen Sie Ihrer Kreativität freien Lauf ... außerhalb der Box!

Wellness für die Sinne

Was riechen Sie in diesem Moment? Was hören Sie? Was berührt Sie in diesem Augenblick? Wie sind Körperhaltung, Temperaturempfinden und der Geschmack im Mund gerade? Vielleicht fragen Sie sich, ob diese Sinneserfahrungen gerade von Bedeutung sind, oder ob es notwendig ist, diese bewusst wahrzunehmen. Unser gesamtes Wahrnehmungssystem ermöglicht nicht nur anregende Sinneserfahrung, sondern ist überlebenswichtig. So nehmen wir die Finger von der heißen Herdplatte, halten bei starkem Lärm die Ohren zu, vermeiden Übelriechendes oder spucken gar Dinge aus, die scheußlich schmecken. Dies geschieht in der Regel instinktiv.

Bis zu elf Millionen Sinneseindrücke pro Sekunde können wir gleichzeitig aufnehmen, dabei dringen nur wenige in unser

Bewusstsein. Von Anbeginn unseres Lebens erfahren und begreifen wir die Welt um uns herum mit unseren Sinnen. Informationen aus den verschiedenen Sinneskanälen werden aufgenommen, im Gehirn verarbeitet und als ganzheitliche Erfahrung zusammengefügt. Im frühen Kindesalter verfeinert und vervollständigt sich unser Wahrnehmungsvermögen – im Jugend- und Erwachsenenalter beginnt es, in manchen Bereichen zu verkümmern bzw. wird im Alter naturgemäß schwächer.

Obwohl unser Informationsverarbeitungssystem selektiv Reize auswählt, können wir von solchen überflutet werden. Feinfühlige Menschen leiden besonders an der Reizüberflutung, sie spüren mehr als viele ihrer Mitmenschen, reagieren aber auch sensibler auf Schwingungen verschiedenster Art. Sie brauchen immer wieder Ruhe und Auszeiten, um sich von den vielen Eindrücken zu erholen. Auch bei den als „hyperaktiv" bezeichneten Kindern ist das meistens der Fall. Manche fallen durch große Ablenkbarkeit, Unruhe und Impulsivität auf – andere hingegen beginnen, sich wegzuträumen, wenn ihnen die Außenreize zu viel werden.

Andererseits erleben wir gerade bei Jugendlichen und auch Erwachsenen immer mehr den Hang zur Dauerberieselung. So gehen viele ohne Ohrstöpsel und Smartphone in der Hand nicht mehr außer Haus. Dies kann langfristig zur Gewöhnung führen und dem Erleben von Leere, sollten wir unsere Sinne dann einmal nicht berauschen.

Unsere Sinneswahrnehmung leidet auch deswegen, weil wir bei Stress und Hektik vieles gar nicht mehr differenziert erspüren. Viele Erwachsene nehmen nicht mehr bewusst wahr, wie ihnen das Essen schmeckt. Aber auch Kinder haben zunehmend Schwierigkeiten, feine Nuancen zu unterscheiden. Wenn der Geruch von Schaf und Ziege nicht mehr unterschieden wird, Himbeeren und Brombeeren gleich schmecken und die Vögel alle in derselben Tonlage zu zwitschern scheinen, dann gehen auch erfüllende Momente verloren. Ein sinnliches Wahrnehmen bringt nämlich auch genussvolleres Erleben.

TIPP

Trainieren Sie Ihre Sinneswahrnehmung, indem Sie immer wieder einmal bewusst auf das achten, was Sie hören, sehen, riechen, schmecken und sonst spüren. Gerade beim Essen lohnt es sich, mit allen Sinnen präsent zu sein – es sich zum Beispiel zur Angewohnheit zu machen, speziell den ersten Bissen langsam zu genießen, die Speise zu betrachten, den Duft einzuatmen, den Geschmack differenziert wahrzunehmen und sich das Essen im wahrsten Sinne des Wortes auf der Zunge zergehen zu lassen.

Lachen, spielen und Unsinn machen

Jüngere Kinder lachen angeblich zwischen 300- und 400-mal täglich, während Erwachsene im deutschsprachigen Raum im Durchschnitt nur auf 15- bis 17-mal kommen. Wissenschaftlich untermauert ist der Wert bei den Kindern nicht. Wer jedoch Kinder beim gemeinsamen Spielen beobachtet, dem entgeht auch das häufige Gekicher und Gelächter nicht. Quatsch und Unsinn machen ist Kindern in die Wiege gelegt und ist im Grunde auch Ausdruck ihrer Experimentierfreude und Abstraktionsfähigkeit. Humorvolle Kinder sind erfahrungsgemäß sehr kreativ, neugierig und kontaktfreudig.

Ein Kind hingegen, das alleine spielt oder vor dem Bildschirm sitzt, lacht nicht annähernd so oft – ebenso wenig wie Erwachsene, die alleine sind oder vor dem PC arbeiten. Es kommt auf die sozialen Interaktionen an, je mehr wir es mit (heiteren) Menschen zu tun haben, umso häufiger lachen wir auch selbst. Das liegt an unserem Resonanzsystem: Unsere Spiegelneuronen sorgen dafür, dass wir uns beim Gähnen oder Lachen leicht anstecken lassen. Unbewusst imitieren wir so meist die Mimik unseres Gegenübers, speziell, wenn wir ihn oder sie sympathisch finden.

Sollten wir Großen mehr lachen und Unsinn machen? Ja! Die Wissenschaft des Lachens, die Gelotologie, befasst sich eingehend mit den gesundheitlichen Auswirkungen des Lachens. Wer viel lacht, baut Stresshormone schneller ab, fühlt sich glücklicher und stärkt, wie es aussieht, seine Immunabwehr. Beim vollen Lachen kommt nicht nur die Gesichtsmuskulatur in Schwung, sondern der gesamte Organismus wird aktiviert. Klinikclowns und Lachtherapeuten in Krankenhäusern leisten somit einen wertvollen Beitrag, mildern Leid und tragen zur Genesung bei.

Wie können wir zu Hause mehr Heiterkeit erleben? Es geht gar nicht darum, einen Witz nach dem anderen zu reißen, sondern vielmehr das Witzige und Lustige im Alltag wieder zu entdecken, ein bisschen weniger Spaßbremse zu sein. Dies gelingt meistens dann leichter, wenn wir in einer positiven Grundstimmung sind. Kinder und Jugendliche sind oft wahre Meister darin, Lustiges im Alltag zu sehen oder zu schaffen – nur reagieren wir Erwachsenen manchmal todernst darauf bzw. zügeln den Nachwuchs in der ausgelassenen Heiterkeit. Was Kinder überaus witzig finden, tun Erwachsene oft als albernes Getue ab. Der Schlüssel zurück zum Humor wäre dabei ganz einfach: die Betrachtung der Welt aus anderen Blickwinkeln, zum Beispiel durch die Augen des Kindes!

Humor ist individueller Natur, altersabhängig und gleichzeitig eine wertvolle Strategie, mit alltäglichen Widrigkeiten umzugehen, gerade auch, wenn uns manchmal gar nicht zum Lachen zumute ist. Wer die Kunst beherrscht, über sich selbst zu lachen, hat es in vielen Situationen leichter und erlebt auch in herausfordernden Situationen weniger Druck. Kinder schauen sich das natürlich bei uns ab. Wie gehen Sie selbst mit kleineren Missgeschicken um? Beschimpfen Sie sich selbst, oder nehmen Sie es mit einer Prise Humor? Und wenn Ihr Kind wieder einmal blödelt? J. Ringelnatz formuliert das so:

💬 Humor ist der Knopf, der verhindert, dass uns der Kragen platzt. 💬 JOACHIM RINGELNATZ

So weit muss es ja gar nicht kommen! Wer gemeinsam lacht, schafft heitere Begegnung, sofern es sich nicht um Schadenfreude oder sarkastische Sticheleien handelt. Gemeinsames Spielen und Unsinn machen bringt Leichtigkeit und Lebensfreude in die Familie. Wenn es bei den Hausaufgaben und dem Lernen beispielsweise nicht mehr weitergeht, bewährt es sich oft, sich selbst und dem Kind eine lustvolle Pause zu gönnen.

IDEE

Lassen Sie sich von Ihren Kindern anstecken: Gehen Sie mit offenen Augen auf Entdeckungsreise, auf die Suche nach Merkwürdigem, Widersprüchlichem und Lustigem. Und warum sollten Sie nicht auch mal Grimassen schneiden, Kauderwelsch reden, einen Purzelbaum schlagen oder singend durch die Wohnung tanzen? Oder erfreuen Sie sich eher am geistreichen Wortwitz und an humorvollen Anekdoten? Tun Sie einfach das, was Ihr Herz zum Lachen bringt, öfter …

Außerdem macht es Spaß, Familienanekdoten und witzige Sätze zu sammeln. An welche lustigen Sätze Ihrer Kinder können Sie sich erinnern?

Funken der Begeisterung: Potenzialentfaltung

Jedes Kind kommt mit unglaublicher Entdeckerfreude zur Welt. Um die Funken ursprünglicher Neugier und Lernbegeisterung bei jungen Menschen weiterzuentfachen, braucht es mutige Erwachsene, die sich von einengenden Strukturen und blindem Ergebnisdenken verabschieden.

Neugier entfachen

Neugier ist die ursprünglichste Quelle unserer Entdeckerfreude.

→ Übung

Sehen Sie den schwarzen Kreis gleich hier unten? Versuchen Sie sich eine Zeit lang ausschließlich auf diesen schwarzen Kreis zu konzentrieren, ab jetzt – so lange wie möglich ...

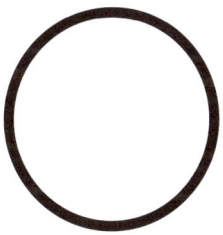

Wie lange haben Sie durchgehalten? Stunden, Minuten, Sekunden? Sofern Sie nicht gerade Weltrekorde knacken wollten, haben Sie es wahrscheinlich maximal ein paar Minuten geschafft, ohne gedanklich abzuschweifen. Warum?

Für das menschliche Gehirn ist diese Aufgabe schlichtweg zu fad und monoton, die Neugier verpufft schnell. In kürzester Zeit wird Langweile spürbar, und ablenkende Gedanken tauchen auf. Es sei denn, wir assoziieren etwas überaus Spannendes mit dem schwarzen Kreis oder erwarten uns einen lohnenswerten Effekt für die Mühe. Kinder staunen noch täglich über ihre wundervollen Entdeckungen und verspüren in einem anregenden Umfeld selten Langeweile, außer sie sind es gewohnt, animiert zu werden.

Wie der renommierte Hirnforscher Gerald Hüther hervorhebt: Neugier und Gestaltungslust sind der Schatz der frühen Kindheit. Diesen dürfen wir nicht einfach verfallen lassen, es liegt vielmehr an uns Erwachsenen, die Lernbegeisterung der jungen Menschen weiterzuentfachen. Kinder brauchen dazu Gemeinschaften, in denen sie sich wohlfühlen, anregende, herausfordernde und verantwortungsvolle Aufgaben, außerdem Vorbilder, die sie inspirieren. Nur so können sich Kinder und Jugendliche als mutige Weltentdecker auf den Weg machen.

Wenn Sie selbst an die Menschen zurückdenken, die sich ehrlich für Sie interessiert haben, die Ihre Fragen ernst genommen und Sie in herausfordernden Situationen ermutigt haben: Wer waren diese Menschen, und was zeichnete sie aus? Wenn wir dieser Frage nachgehen, erkennen viele: Vor dem Fachwissen kommt die Beziehung – zunächst die Beziehung zu Menschen, dann zunehmend auch zu Gegenständen, Ideen und Konzepten. Erst wenn die Beziehung stimmt, können wir uns begeistert auf neue Lernerfahrungen einlassen. Eine sichere Bindung ist von Anfang an die beste Voraussetzung für aktive Exploration, d. h. ein Kleinkind, das sich sicher fühlt und spürt, dass seine Bezugsperson da ist, wenn es diese braucht, macht sich in der Regel unbeschwert und freudvoll auf den Weg der neuen Erkundungen. Bei Kindern, die unsicher, vermeidend oder ambivalent an ihre erste Bezugsperson gebunden sind, zeigen sich hingegen schon früh erhöhte Stresswerte bei Trennung und Exploration. Genauso erlebe ich in der Praxis immer wieder, dass gerade jene Jugendliche, die das Elternhaus als sicheren Hafen beschreiben, Leistungssituationen besonders locker angehen und demnach oft auch erfolgreich sind.

Zwar ist Lernen reizvoller, wenn es mit Freude verbunden ist, aber Lernen muss nicht immer Spaß machen. Wie oft fällt das kleine Kind beim Gehenlernen auf den Hintern; wie oft haut es sich den Hammer auf die Finger, wenn es den ersten Nagel in ein Brett schlägt; wie sehr raucht der Kopf beim Lösen einer kniffligen Matheaufgabe? Es erfordert manchmal viel Geduld und äußerste Frustrationstoleranz, etwas Neues zu lernen. Je größer die Mühe ist, desto größer ist meist das Glückserleben über die neue Errungenschaft. Viel zu häufig nehmen wir heutzutage Kindern und Jugendlichen Aufgaben ab, wenn sie ihnen zu lästig oder schwierig erscheinen. Unsere wohlgemeinte Hilfsbereitschaft kann bewirken, dass unser Kind es verlernt, sich anzustrengen.

Neben der Art und Weise, wie wir Kindern und Jugendlichen begegnen, kommt es auf unsere eigene Einstellung, Lernbegeisterung und unser Durchhaltevermögen an. Mehr, als wenn wir das Kind zum Lernen anhalten, was häufig auf Widerstand stößt, haben junge Menschen davon, wenn wir gemeinsam mit ihnen forschen oder ausprobieren. Besondere Genugtuung erleben wir meist beim gemeinsamen Lösen schwieriger Anforderungen und komplexer Probleme.

IDEE

Überlegen Sie, was Sie gemeinsam mit Ihrem Kind gerne lernen, bauen oder gestalten möchten. Widerstehen Sie der Versuchung, es zu 100 Prozent oder gar zu 150 Prozent perfekt machen zu wollen. Ermutigen Sie Ihr Kind, und trauen Sie ihm zu, selbst Hand anzulegen, und erfreuen Sie sich des gemeinsamen Tuns, abseits von Stress und Leistungsdruck.

Wachsen lassen

Die jungen Pflänzchen wachsen nicht schneller, wenn wir daran ziehen oder darübermähen. Trotzdem tun wir es Tag für Tag, oft in bester Absicht. Vielleicht sogar mit felsenfester Überzeugung, wir würden Kinder und Jugendliche druckfrei erZIEHEN. Eine Illusion, wie ich mir selbst immer wieder eingestehen muss. Bereits vor Schuleintritt spornen wir Kinder zu Leistungen an. Manches Mal noch bevor die Zeit reif und das Kind dazu bereit ist.

Meine Tochter, damals drei Jahre alt, war wie die meisten Kinder ihres Alters, bewegungsfreudig und sehr neugierig. Sie beobachtete fasziniert, wie die gleichaltrige Nachbarstochter mit dem Rad im Hof einige Kreise fuhr. Ich animierte sie dazu, es selbst auch zu versuchen. Etwas widerwillig ließ sie sich darauf ein, ich half ihr aufs Rad. Es dauerte keine fünf Minuten: Nach ein paar misslungenen Versuchen und meinen gut gemeinten Ratschlägen war ihr Geduldsfaden gerissen und das Rad im Graben gelandet. [...] Es vergingen ein paar Wochen, als sie mir eines Abends vor dem Einschlafen erklärte, dass sie am nächsten Tag mit dem Rad in den Kindergarten fahren würde. Gerade rechtzeitig hielt ich inne und ertappte mich dabei, ihr es ausreden zu wollen, weil ich es ihr nicht zutraute. Am nächsten Tag radelte sie, hoch konzentriert mit Blick auf die sich drehenden Pedale gerichtet, in den Kindergarten. Dabei hatte ich nur eine Hand auf ihre Schulter gelegt, lief neben ihr her und schaute voraus.

Klar brauchen Kinder und Jugendliche neben einer anregenden Umgebung unsere Ermutigung. Doch manchmal sind es gerade eigene Erwartungen, soziale Vergleiche und einengende Grenzen (manchmal auch fehlende), die das natürliche Wachstum bremsen.

Damit Kinder sich entfalten können, brauchen sie Erwachsene, die ihnen vertrauen. Erwachsene, die darauf vertrauen, dass ihr Kind genau zum richtigen Zeitpunkt das lernt, was gerade möglich oder wichtig ist. Vergleiche mit anderen Kindern und die Verallgemeinerungen von Entwicklungsfenstern aus dem Lehrbuch nehmen vielen Eltern gerade dieses notwendige Vertrauen und die Gelassenheit in der Begleitung ihrer Kinder.

Erfahrungsgemäß gibt es sehr unterschiedliche Entwicklungsgeschwindigkeiten: emotional, sozial, kognitiv, sprachlich und motorisch. Es ist normal, dass Kinder sich nicht in allen Bereichen gleich schnell entwickeln – auch Jugendliche nicht. Nur in Ausnahmefällen oder bei früh erkennbaren medizinischen Auffälligkeiten sind gezielte Fördermaßnahmen im Kleinkindalter wirklich notwendig. Eltern bräuchten hingegen manchmal mehr Unterstützung darin, ihre Kinder entspannt „wachsen zu lassen" und sie dabei aktiv zu begleiten.

Als eine Mutter mit ihrem Kleinkind zu mir in die Praxis kam, fiel mir schon beim Eintreten auf, wie die Mutter das Kind zum freundlichen Grüßen aufforderte und bemängelte, wie es die Schuhe hinstellte. Im Verlauf der Beratung berichtete die Mutter stolz, dass ihr Kind in drei Sprachen bis zehn zählen und bereits den eigenen Namen schreiben könne. Was ihr allerdings Sorgen bereitete, wäre, dass ihr Kind nahezu jedem Blickkontakt ausweiche und überhaupt selten auf andere Menschen zugehe. Ein autistisches Kind? Nein! Wie sich herausstellte, legte die Mutter einen hohen Perfektionismus an den Tag und korrigierte das Kind ständig. Sie selbst stand unter einem starken Druck; alleinerziehend, erfolgreich im Beruf, aber ständig unter Strom. Das Kind fühlte sich durch die viele Kritik und die unberechenbaren Ausbrüche der Mutter augenscheinlich sehr gestresst und beschämt, hatte jegliches Interesse verloren, lustvoll und eigenständig die Welt zu erkunden, und soziale Kontakte lösten von vornherein Angst aus. Als wir gemeinsam reflektierten, die Mutter ihr Berufsleben entschleunigt hatte und wir öfters gemeinsam mit dem Kind spielten, wurde ihr bewusst, wie sehr viel leichter das Lernen und wohlwollender der Kontakt zu ihrem Kind sein kann. Das Kind wurde zunehmend offener, lief mir bereits freudvoll entgegen, wenn ich die Praxistür öffnete. Gleichzeitig beschrieb die Mutter, wie sie selbst zunehmend mehr erwartungsfreie Zeit mit ihrem Kind genoss und die Nähe erstmals richtig zulassen könne – ohne das Gefühl zu haben, in die Arbeit flüchten zu müssen.

Beobachten Sie, wonach Ihr Kind im Moment strebt. Wofür brennt es wirklich, was will es lernen? Lassen Sie es wachsen, oder ziehen Sie gerade am Pflänzchen? Vielleicht entspricht die Richtung genau Ihren eigenen Interessen und Vorstellungen, vielleicht teilen sie sogar manche Leidenschaft. Spannend wird es, wenn Kinder Hobbys aufgeben, die ihren Eltern sehr am Herzen liegen. Wie gehen Sie damit um, wenn Ihr Kind plötzlich genug davon hat und sich in eine ganz andere Richtung ent- wickeln möchte?
Falls Sie hingegen die momentane Passion Ihres Kindes nicht die Bohne interessiert, lade ich Sie dazu ein, speziell neugierig zu werden und herauszufinden, was Ihr Kind daran so spannend findet.

Motivation ankurbeln

Die Motivation ist der Motor für alles, was wir tun. Auch hinter dem Lesen dieser Zeilen steckt ein Motiv. Vielleicht tun Sie es aus eigenem Interesse, Ihrem Kind zuliebe, aus beruflichen oder anderen Gründen. Streben wir persönliche Ziele an, versprechen wir uns davon in der Regel einen Sinn und Nutzen.

Sie wollen ein Land bereisen, sich ehrenamtlich engagieren, Ihre Ernährung verändern, mehr Sport machen, beruflichen Erfolg haben oder mehr Zeit mit Ihrer Familie verbringen?

Ist Ihnen das Ziel wichtig genug, und sind Sie außerdem sehr zuversichtlich, dass Sie es erreichen können, dann läuft der Motor der Motivation bereits. Wir strengen uns nämlich dann besonders an, wenn wir ein Ziel attraktiv bzw. bedeutungsvoll finden und wir ausreichend Erfolgszuversicht verspüren. Ansonsten tun wir uns mit der Motivation schwerer.

Jugendlichen geht es genauso, wenn sie ein Schulfach todlangweilig finden und keinen besonderen Sinn darin sehen, sich anzustrengen, weil sie mit Misserfolg rechnen. Dann können sich Eltern und Nachhilfelehrer noch so sehr ins Zeug legen, es bringt meist wenig. Erst sobald der Motor der eigenen Motivation anspringt, sich eine positive Einstellung entwickelt und das Vertrauen in die eigenen Fähigkeiten steigt, kann Lernen wieder besser gelingen. Druck ausüben, indem wir Kinder strafen oder belohnen, bringt hingegen höchstens kurzweilige Veränderung und schürt noch dazu Leistungsängste.

Aus der Lernforschung wissen wir, dass wir Dinge besonders leicht lernen und langfristig behalten, wenn sie die emotionalen Zentren im Gehirn erreichen und wir das Neue mit vorhandenem Wissen verknüpfen können. Außerdem ist bekannt, dass für nachhaltiges Lernen eine hohe intrinsische Motivation von Vorteil ist. Das bedeutet, wir sind von innen heraus motiviert, weil uns die Aktivität oder der Lerngegenstand an sich gefällt und interessiert. Wir wollen uns schlichtweg selbst weiterentwickeln, Zusammenhänge verstehen oder unser Potenzial entfalten. Soziale Motive wie Ruhm, Konkurrenzkampf und

Lob von anderen oder Anreize wie Geld oder Belohnung sind meist zweitrangig, manchmal sogar unbedeutend.

Häufig verfolgen wir in unserem Tun mehrere Ziele gleichzeitig, und die zugrunde liegenden Motive sind unterschiedlichster Natur. Erfolgreiche Sportler beispielsweise zeigen in der Regel eine sehr hohe intrinsische Motivation, wollen sich stetig selbst verbessern, gehen in ihrem Sport auf, und gleichzeitig streben sie nach Erfolg und Anerkennung.

Wie leben wir Lernmotivation vor? Einerseits, indem wir selbst Lernbegeisterung und Neugier an den Tag legen, andererseits, indem wir authentisch vorleben, wie wir auch manchmal an todlangweilige Pflichten herangehen und uns überwinden, diese zu erfüllen.

Außerdem spüren Kinder und Jugendliche sehr genau, was wir ihnen zutrauen. Stecken wir zum Beispiel ein Kind, das sich beim Lesenlernen zunächst schwertut, sofort in die Schublade der Leseschwäche, dann steigt die Wahrscheinlichkeit, dass das Kind dort verbleiben wird. Schon alleine deshalb, weil das Kind spürt, wie Eltern und Lehrpersonen es eingeordnet haben und es selbst an seinen Fähigkeiten zweifeln wird.

Ich kann mich an einen besonders aufgeweckten Jungen erinnern, der zu mir in die Beratung kam, weil er große Mühe beim Schreiben hatte. In Wirklichkeit fand er es einfach nur fad und anstrengend, dabei sprühte er förmlich über vor Ideen. Als er nach etwas Gehirngymnastik zunehmend ruhiger wurde, breitete ich eine Piraten-Schatzkarte am Boden aus, und er malte sich die kühnsten Abenteuer aus, die die Piraten auf dem Schiff und der Insel erleben würden. Als es darum ging, die einzelnen Erlebnisse auf den Tagesetappen ins Logbuch zu schreiben, begann er zunächst zögerlich, wurde dann aber immer routinierter und schrieb sogar zu Hause von sich aus weiter. Voller Freude zeigte er mir nach ein paar Wochen sein selbst gebasteltes Buch der Piratenabenteuer. Natürlich, er fand diese Aufgabe attraktiv, aber vor allem spürte er wohlwollendes Zutrauen und entspannte Unterstützung auf seinem Weg.

IDEE

Falls Ihr Kind in manchen Bereichen wenig Eigeninteresse zeigt, finden Sie gemeinsam heraus, was die Motivation ankurbeln würde. Wie wichtig ist dem Kind dieser Bereich? Was würde es zuversichtlicher machen, dass sich Engagement lohnt? Fast immer helfen neue ermutigende Lernerfahrungen: Lernen mit begeisterten, geduldigen Begleitern, Entdecken neuer Lernstrategien, attraktive erreichbare Ziele und natürlich das Erkennen von Fortschritt.

Motivationskiller erkennen

Rechnen Sie, so schnell es geht: Ein Mann kauft ein Pferd für 60 Euro, verkauft es um 70 Euro. Später kauft er es wieder für 80 Euro und verkauft es dann wieder für 90 Euro. Wie viel hat der Mann an Geld verloren oder gewonnen?

Easy, oder?! Eigentlich eine simple Rechnung, aber viele Menschen finden nicht auf Anhieb die richtige Lösung. Manche bemerken beim Rechnen eine innere Blockade, die klares Denken schwierig bis unmöglich macht. Denkleistungen unter Zeitdruck erbringen zu müssen, das steigert das Stresslevel. Negative Vorerfahrungen oder wenig Interesse an der Aufgabe verringern zudem die Motivation und Konzentration.

Kinder und Jugendliche erleben diesen Zustand beinahe tagtäglich, wenn sie etwas lernen MÜSSEN, das sie im Moment überhaupt nicht interessiert. Sind Lerninhalte, Zeitlimits und die Wege zum Erreichen des Lernziels vorgegeben, stellen sich schnell Langeweile und innerer Widerstand ein. Sollten dann auf dem Weg noch Kritik und Leistungsdruck hinzukommen, gesellen sich häufig Versagensangst und Schulfrust dazu. Was höchstens bleibt, ist der Antrieb in der Hoffnung auf Belohnung wie Lob und gute Schulnoten.

Dazu meinte ein Kollege einmal: „Ein Medikament mit solch fürchterlichen Nebenwirkungen wie Schulnoten es haben, wäre längst vom Markt genommen worden …" Sofern es sich nicht um spezifische und motivierende Rückmeldungen handelt, sind Ziffernoten tatsächlich oft wenig aussagekräftig oder intrinsisch motivierend – oft eher kontraproduktiv. Kinder und Jugendliche verlieren meist rasch das Interesse an den Lerninhalten und lernen primär für gute Noten.

Die zwei berühmten Motivationsforscher Richard M. Ryan und Edward L. Deci haben herausgefunden, dass neben körperlichem Wohlbefinden folgende Voraussetzung für die Entwicklung der intrinsischen Motivation ganz wesentlich sind:

1. Wohlfühlen im sozialen Umfeld (in der Schule würde das bedeuten, dass sich das Kind in der Klasse und in der Beziehung zu den Lehrpersonen wohlfühlt);
2. Kompetenzerleben (das Kind fühlt sich weder überfordert, noch ständig unterfordert: Die Aufgaben sind herausfordernd, aber für das Kind bewältigbar);
3. Selbstbestimmung (das Kind erlebt beim Lernen Autonomie – kann u. a. mitentscheiden, was, wann, wie und wo es lernt).

Auch Motivationskiller sind demnach fast immer in diesen Bereichen zu suchen und werden manchmal durch vorgegebene Strukturen und eine ergebnisorientierte Bewertungskultur noch verstärkt.

In den ersten Lebensjahren vor Schuleintritt lernen Kinder aus sich selbst heraus, gehen auf im Zauber des Anfangs ihrer neuen Entdeckungen. Diese Phase betrachte ich wie Barfußgehen, ein freies Lernen und die Welt begreifen mit allen Sinnen, abseits von vorgegebenen Zeitfenstern und Ermahnungen. Wir können dabei ein wunderbares Wechselspiel aus der Suche nach Sicherheit und dem Wagnis Exploration beobachten. Ein Phänomen, welches uns im Grunde ein Leben lang in unserem Tun begleitet: Selbst wir

Erwachsene lernen dann am besten, wenn wir uns sicher und wohl aufgehoben fühlen.

Haben Sie jemals mit Ihrem Kind Vokabeln zum Erlernen der Muttersprache gepaukt oder ein Kind zum Gehen gedrängt, solange es noch krabbelte? Wahrscheinlich nicht. Vermutlich haben Sie es in hoher Stimmlage ermutigt, erste „Brabbellaute" begeistert wiedergegeben und ergänzt bzw. sind gemeinsam mit Ihrem Kind am Boden herumgekrabbelt. Kurze Zeit danach haben Sie wahrscheinlich fasziniert die Sprachexplosion und die ersten Schritte beobachtet. Lernen scheint in diesem Stadium wie von alleine zu passieren, sofern Kinder gesund sind, in einem anregenden Umfeld aufwachsen und dabei liebevolle Unterstützung erfahren.

Spätestens mit Schuleintritt kriegen Kinder Schuhe verpasst. Diese geben zwar auch Struktur, Schutz und Halt. Das Problem scheint nur, dass die Kinder vielfach gezwungen sind, alle die gleiche Einheitsgröße zu (er)tragen. Zu groß, zu klein, zu weit, zu schmal … es bleiben wenige Kinder übrig, denen die Schuhe wie angegossen passen. Es sind diese wenigen Kinder und Jugendlichen, die von sich sagen, dass sie gerne in die Schule gehen. Sie erfahren genau das richtige Maß an spannender Herausforderung, werden dort abgeholt, wo sie stehen. Aber wer geht dauerhaft wirklich voller Freude und Begeisterung in die Schule, so wie wir es uns erträumen?

Bereits Erstklässler erzählen, das Schönste an der Schule wäre die Pause, das freie Spielen. Viele Jugendliche berichten, dass sie sich bereits am Montag auf das Wochenende freuen. Erstaunlich, in Anbetracht dessen, dass laut einer Befragung 98 Prozent der Jugendlichen angeben, gerne Neues dazuzulernen (Südtiroler Jugendstudie, 2014). Wir vermasseln es meist durch die unbequemen „Schuhe": unerträgliche Unterforderung, erwartungsreiche Überforderung oder schlichtweg das Todsitzen manch langweiliger Stunde. Kinder brauchen kreative Freiräume, Herausforderung und Eigenverantwortung beim Lernen. Für eine gesunde Entwicklung, emotionalen Ausdruck und die Entwicklung der Gestaltungslust sind gerade Bereiche wie Kunst, Musik und Bewegung von essenzieller Bedeutung. Es ist mittlerweile hinreichend belegt, dass zum Beispiel tägliche Bewegung in der Schule einen positiven Effekt auf die Haltung, die Lernfreude, die Konzentrationsspanne und Gedächtnisleistung hätte.

Wenn ich Kinder oder Jugendliche begleite, die wenig Motivation beim schulischen Lernen verspüren, reflektieren wir gemeinsam darüber, was die Lernenden selbst verändern können, beispielsweise die Art und Weise zu lernen. Sobald sich dann erste Fortschritte zeigen und Erfolgserlebnisse dazukommen, steigt auch die Zuversicht beim Lernen wieder. Doch oft liegen die Motivationskiller im Beziehungsbereich und in den einengenden Strukturen. Veränderungen wären erst möglich, wenn es gemeinsam gelänge, die zugrunde liegenden Unstimmigkeiten und den quälenden Leistungsdruck zu beheben.

TIPP

Interessieren Sie sich dafür, wie Ihr Kind das Lernen in der Schule erlebt. Falls Sie Verbesserungspotenzial erkennen oder Dinge, die Sie selbst unzumutbar finden, machen Sie sich auf den Weg! Setzen Sie sich gemeinsam mit Eltern und Lehrpersonen dafür ein, dass die Kinder sich in der Schule wohlfühlen und sich vielseitig entfalten können. Als Eltern stehen wir den Kindern zwar meist bei, aber es braucht manchmal Zivilcourage, sich für wirkliche Veränderung zu engagieren.

Potenziale entdecken

Wenn ich in Workshops Jugendliche nach ihren Stärken oder Potenzialen frage, verstummen mitunter sogar die gesprächigsten und zucken mit den Achseln, meinen, sie hätten keine nennenswerten. Es liegt nicht nur an unserer bescheidenen Mentalität, sondern auch daran, dass sich nur wenige Menschen ihrer liebenswerten

Eigenschaften, besonderen Stärken und Entwicklungsmöglichkeiten ganz bewusst sind. Leider bekommen Kinder und Jugendliche diese auch selten rückgemeldet.

In der Schule werden die Fehler rot hervorgehoben, aber nicht in Grün all die Fortschritte, die Anerkennung verdienen würden. Eine fehler- und schwächenorientierte Sichtweise trainieren wir Kindern bereits sehr früh an. Ist es wirklich förderlich, wenn das Kind stets das Gefühl hat, nicht genug zu tun? Die Freude, sich selbst zu verwirklichen und zu verbessern, bringt uns im Leben natürlich weiter. Gleichzeitig erlebe ich aber, dass das Streben nach Verbesserung häufig eher aus einer inneren Unzufriedenheit entspringt, mit Versagensängsten verbunden ist und uns in der Entwicklung oft bremst.

Dabei ist unser Gehirn dermaßen plastisch, dass wir ein Leben lang durch Erfahrungen dazulernen, sich neuronale Netzwerke neu bilden oder verändern können. In jedem Kind steckt ein enormes Entwicklungspotenzial. In den Bereichen, in denen das Potenzial auf Anregung und Begeisterung trifft, kann sich unser Kind besonders entfalten. Manchmal übersehen wir, wie entscheidend dabei die Begleitung ist und wie vielfältig die Entwicklungsmöglichkeiten sind. Außerdem neigen wir in der Einschätzung der Potenziale unserer Kinder zum Tunnelblick, wie ich selbst feststellen musste:

Es ergab sich, dass unsere ältere Tochter als Sechsjährige bei einer Freundin erstmals eine Violine zu Gesicht bekam. Sie war damals so fasziniert, dass sie unbedingt lernen wollte, auf diesem Instrument zu spielen. Mithilfe ihres Geigenlehrers, mit dem sie sich auf Anhieb gut verstand, konnte sie dem Instrument bald die ersten Töne entlocken ... und das waren in meinen Ohren keine quietschenden schrägen Töne, sondern relativ rasch melodische Klänge! Zudem begann sie, mit anderen Instrumenten zu experimentieren, brachte sich selbst Flöte bei, wählte als Wahlfach in der Schule Trompete und begann dann von sich aus, auf dem Klavier zu spielen. Wir mussten sie nie zum Üben der Instrumente animieren, sie spielt heute noch gerne und freut sich, wenn wir ihr dabei zuhören. Es lag auf der Hand: Sie hatte musikalisches Interesse und Potenzial! Zeitgleich besuchte die jüngere Tochter den Waldkindergarten. Dort bekam sie die Gelegenheit, sehr viel zu bauen und zu werkeln. Sie ging gleich darin auf und erlebte dabei auch tatkräftige Unterstützung. Was für ein technisches Geschick! Beim Erlernen der Blockflöte versagte sie hingegen kläglich, kam mitunter sogar weinend aus der Musikschule. Es war offensichtlich, dass der Lehrer frustriert war, weil sie in seinen Augen nicht ausreichend übte, und sie hatte indessen alle Hoffnung aufgegeben, seine Erwartungen zu erfüllen. Die jüngere Tochter schätzten wir Eltern daraufhin als handwerklich geschickt, aber eher unmusikalisch ein. Wir staunten nicht schlecht, als sie trotzdem darum bat, weiter musizieren zu dürfen und im nächsten Jahr auf Querflöte umzusteigen. Mit der neuen Lehrerin schien sie gleich auf einer Wellenlänge und blühte richtig auf. Zunächst war sie fasziniert von der Konstruktion des Instruments, reinigte mehrmals täglich voller Hingabe die Querflöte. Und als wäre es das Selbstverständlichste der Welt, begann auch sie, täglich zu musizieren, zog auch ihre Blockflöte wieder hervor und setzte sich immer häufiger zur Schwester ans Klavier. Sie haben also beide Passion für Musik, turnen begeistert im Garten, bauen gemeinsam in der Holzwerkstatt, kümmern sich um Tiere, ziehen kleine Pflänzchen auf, als wären das ihre Babys. Klar, sind sie kleine Multitalente, wie alle anderen Kinder auf der Welt – genauso wie sie in manchen Bereichen hadern, in denen sie bislang wenig Inspiration, Fortschritt oder Ermutigung erfahren haben.

Wir brauchen Kinder nicht in Potenzialkategorien einzuordnen, ihre Potenziale sind nahezu unerschöpflich und vielfältig. Nur gelingt es uns Erwachsenen selten, für so einen fruchtbaren Boden zu sorgen, in dem auch alle Potenzialkeime aufgehen können. Damit würden wir uns selbst und unsere Kinder vermutlich auch überfordern – es reicht, dass wir unser Bestes geben: den Boden gut bearbeiten, gemeinsam mit den Kindern säen und niemals an ihren Entwicklungsmöglich-keiten zweifeln. Dann geht es auch ohne Ziehen und Druck, vor allem wenn wir uns selbst davon befreien.

TIPP

Bleiben Sie offen, und lassen Sie sich überraschen! Sammeln Sie für einen Tag lang all die Dinge, über die Sie bei ihrem Kind staunen, beobachten Sie genau. Geben Sie Ihrem Kind auch die Chance und die Zuversicht, sich gerade in den Bereichen weiterzuentwickeln, in denen es selbst wenig Potenzial sieht.

Dynamisches Selbstbild entwickeln

Wir alle haben ein Bild von uns selbst. Das Selbstbild beinhaltet alle Überzeugungen, Einstellungen und Vorstellungen, die wir zu unserer Persönlichkeit, unserem Entwicklungspotenzial und zu unseren Stärken und Schwächen haben. Dazu entwickeln wir auch ein Gefühl: das Selbstwertgefühl. Wie stehen Sie zu sich selbst, und wie wertvoll fühlen Sie sich als Ganzes?

Das Selbstbild wird ganz wesentlich im Kindesalter geprägt. Es beruht auf ersten Erfahrungen, auch kleinen Erfolgen und Misserfolgen. Nachdem Kinder sich vor allem an den Rückmeldungen ihrer Eltern, Trainer, Lehrer usw. orientieren, verinnerlichen sie diese Fremdeinschätzungen und nehmen sie in ihr Selbstbild auf. Außerdem erleben sie tagtäglich, wie wir zu uns selbst stehen und übernehmen diese Einschätzungen sehr häufig in ihr eigenes Selbstbild. Dies gilt sogar für das Körperbild: In einer Umfrage wurden Mütter und Töchter unabhängig voneinander interviewt, was sie an ihrem Körper mögen und was nicht. Sogar die Forscher waren verblüfft über die deutlich übereinstimmenden Aussagen. Der Haken an der Sache ist nur, dass circa 80 Prozent der erwachsenen Frauen mit ihrem eigenen Körper unzufrieden sind und somit selten ein positives Körperbild an ihre Kinder weitergeben.

Sie sagen Ihren Kindern immer wieder, wie wundervoll sie wären und wie stolz Sie auf ihre Leistungen sind? Sich selbst stehen Sie hingegen eher kritisch gegenüber, hadern mit sich, fühlen sich in Ihrer eigenen Haut unwohl? Falls Sie dazu neigen, sich selbst immer wieder in einem negativen Licht zu sehen, sollten Sie zunächst Ihr eigenes Selbstbild geraderücken. Dies kann ein interessanter Lernweg voller neuer Entdeckungen sein.

Die allermeisten Eltern wünschen sich, dass ihre Kinder zu selbstbewussten Wesen heranwachsen, die sich selbst mögen, mutig ihren eigenen Weg gehen, die ungewissen Widrigkeiten der Zukunft meistern – aber sich auch anderen zuwenden und sozial engagieren. Menschen, die sich selbst lieben und annehmen, haben es erfahrungsgemäß auch in Beziehungen zu anderen unendlich viel leichter.

Die gute Nachricht ist, dass wir Kindern ein dynamisches Selbstbild mitgeben können, indem wir ihnen vermitteln, dass wir uns ein Leben lang weiterentwickeln, Herausforderungen und Niederlagen als Lernchancen nutzen, mit Engagement und Anstrengung viel erreichen, Kritik reflektieren und daraus Hilfreiches entnehmen können. In meinen Augen dürfen wir einen großen Teil des Lebens und uns selbst gestalten – trotz mancher Einschränkungen und Hindernisse unterwegs.

Menschen, die hingegen ein statisches Selbstbild haben, glauben, dass sie selbst unverbesserlich und Fähigkeiten angeboren sind. Sie vermeiden neue Herausforderungen, nehmen Kritik persönlich oder geben leichter anderen Menschen oder Umständen die Schuld für Misserfolge. Häufig leiden sie auch an Minderwertigkeitsgefühlen und haben wenig Selbstvertrauen. Ein gutes Selbstwertgefühl und ein dynamisches Selbstbild sind nahezu essenziell, wenn wir ein glückliches, erfülltes und erfolgreiches Leben führen möchten.

IDEE

Machen Sie Ihren Kindern vor, wie man locker mit
Unvollkommenheit umgeht. Freuen Sie sich über Fortschritt, und sprechen Sie auch mal offen über Ihre eigenen Stärken.

Gestaltungsräume schaffen

Bereits kleine Kinder nehmen Dinge gerne selbst in die Hand und
gestalten sie. Sie sind zunächst wahre Künstler darin, Dinge zu zweck-
entfremden. So wird der Tannenzapfen zur Kuh, die Karotte zum
Fernrohr oder das Fahrrad zum Pferd. Ihre Fantasie und Gestaltungs-
freude kennen kaum Grenzen. Kinder erfinden ohne Vorgaben die
innovativsten Dinge, imitieren verschiedene Rollen, experimentieren
mit Sprache und Tönen und erproben vielfältige Bewegungsformen.
Wenn wir ihnen Zeit und Raum dafür geben, blüht ihre Freude am
Wirken und Gestalten richtig auf.

Vor allem wollen sie bedeutende, herausfordernde Aufgaben, die
einen sinnvollen Beitrag in der Familie oder Gemeinschaft bringen.
Dabei lernen sie, Verantwortung für ihr Tun zu übernehmen und
begeben sich von alleine auf die Suche nach weiteren Gestaltungsmöglichkeiten. Je mehr wir Kinder und Jugendliche zur Mitver-
antwortung im gemeinsamen Zusammenleben einladen, desto muti-
ger und zivilcouragierter können sie die Zukunft mitgestalten.

Die Gesprächs- und Entscheidungskultur in der Familie hat einen
bedeutungsvollen Einfluss auf die Entwicklung eines verantwortungs-
bewussten Engagements. Wenn wir Kindern jede Entscheidung
abnehmen und für sie bestimmen, haben sie wenig Chance zu
erfahren, welche Auswirkungen selbst getroffene Entscheidungen
haben und Verantwortung für dieselben zu übernehmen. Für Pflanzen
und Haustiere zu sorgen, verlangt beispielsweise schon eine ganze

Menge an Verantwortung. Pflichtbewusste Verantwortung, die oftmals bei den Eltern hängen bleibt.

Sich in der Gemeinschaft gebraucht und wertvoll zu fühlen, stärkt das Selbstbewusstsein von Kindern deutlich mehr als goldig eingerahmte Leistungsabzeichen. Wir brauchen Kinder auch nicht immer vor dem Scheitern verschonen, denn Probleme selbstständig zu meistern, verlangt Kreativität und fördert die Widerstandskraft.

Ein Jugendlicher erzählte mir, wie er zum leidenschaftlichen Koch wurde. Schon mit zwei Jahren hätte er voller Eifer seiner Großmutter beim Kochen und Backen geholfen. Während sein Bruder lieber mit den Nachbarskindern draußen Fußball spielte, hätte er es vorgezogen, zu Hause mit seiner Oma in der Küche zu experimentieren. Eines Nachmittags hätte er ganz alleine für die Kinderhorde einen Kuchen backen wollen, sich ans Werk gemacht und schließlich voller Vorfreude den Kuchen in den Ofen geschoben. Nur hätte er es nicht erwarten können und immer wieder den Ofen geöffnet, um nachzusehen, was der Kuchen machte. Zu seinem Entsetzen brach dieser in sich zusammen, als er zum wiederholten Mal den Ofen geöffnet hatte. Zuerst hätte er verzweifelt geweint, als er seinen Kraterkuchen aus dem Ofen holte. Doch dann wäre ihm die Idee gekommen, ihn als Vulkan zu verzieren, und der Kuchen wäre der absolute Renner gewesen! Auch heute noch liebe er es, neue Speisen zu erfinden, und überrasche damit gerne Freunde und Familie.

TIPP

Trauen Sie Ihrem Kind etwas mehr zu, übertragen Sie ihm verantwortungsvolle Aufgaben, die es schaffen kann. Geben Sie ihm dabei aber bewusst auch Entscheidungsfreiheit und Gestaltungsmöglichkeiten, beispielsweise die Freiheit zu entscheiden, welche Aufgaben es übernehmen will, wie es dabei vorgehen möchte, welche Unterstützung oder welches Material es braucht. Halten Sie sich danach möglichst raus!

Auf Belohnung und Bestrafung verzichten

„1 – 2 – 3… und nun gehst du auf dein Zimmer!" Manche Eltern schwärmen regelrecht von dieser weitverbreiteten Erziehungsmethode, bei der die Kinder nach drei Ermahnungen in den Zimmerarrest verwiesen werden. Was halten Sie davon?

Interessanterweise gehen immer noch viele Eltern davon aus, dass wir Kinder nur erziehen können, indem wir sie bestrafen oder belohnen – sozusagen dressieren wie Tiere. Wie sich herausstellt, ein Trugschluss, der meist auf eigenen Kindheitsabrichtungserfahrungen beruht.

Wer mit seinen Kindern einen gleichwürdigen, respektvollen Umgang pflegt und seine eigenen Grenzen klar und authentisch kommuniziert, wird niemals auf klassische Konditionierung durch Belohnung und Bestrafung zurückgreifen müssen, um aus der eigenen Ohnmacht zu flüchten und Kindern sozial angemessenes Verhalten beizubringen.

J. Juul meinte einmal, wir sollten bei unseren Kindern nur „Erziehungsmethoden" anwenden, die wir auch guten Gewissens unserem gleichwertigen Partner gegenüber zumuten würden. Würden Sie auf die Idee kommen, Ihren Mann oder Ihre Frau mit dem

Kommando „1 – 2 – 3… aufs Zimmer" zu verweisen?! Wohl eher nicht.

Sollten Kinder sich auffällig, aufmüpfig oder grenzüberschreitend verhalten, dann brauchen sie tatsächlich eine Auszeit. Aber eine Auszeit mit uns, in der wir für sie da sind, ihre Bedürfnisse und Unzufriedenheit verstehen und gemeinsam Lösungen finden. Bestrafung hingegen bewirkt meist noch ein schlechteres Gefühl, trifft auf Widerstand und führt zur noch größeren Beschämung. Kinder, die häufig bestraft werden, beginnen sich vor ihren Eltern zu fürchten, verheimlichen und vertuschen Dinge und tun alles Erdenkliche, um zu entkommen. Möchten wir, dass Kinder uns vertrauen, sollten wir gerade dann für sie da sein, wenn es brennt und auch wenn sie die wildesten Sachen angestellt haben. Dann sogar ganz speziell! Wir können ihnen ganz klar und ehrlich sagen, wie wir ihr Verhalten finden, was wir uns erwarten, was uns stört oder verletzt – auch gemeinsam überlegen, wie sie den Schaden möglichst beheben können. Aber all dies in respektvoller Art und Weise, nachdem wir uns selbst beruhigt haben, sofern wir aufgebracht waren.

→ Übung

Zur Selbstberuhigung übe ich mit Kindern manchmal die Drachenatmung, die auch bei Erwachsenen gut funktioniert. Wir stellen uns aufrecht hin, machen uns groß, stampfen ein paar Mal auf den Boden und schnauben die Wut aus … beobachten, wie die Flammen der Wut von Atemzug zu Atemzug kleiner werden, bis die Wut irgendwann verraucht ist. Schütteln uns dann noch, um uns von Ruß und Rauch zu befreien.

Genauso wenig wie die Bestrafung brauchen wir die Belohnung. Eltern und Großeltern meinen es oft gut, belohnen ihre Schützlinge für vorbildhaftes Verhalten. Dabei ist Belohnung kontraproduktiv, speziell wenn es sich um Dinge handelt, die Kinder von vornherein gerne tun. Die innere Freude am Tun verwandelt sich dann oft in eine reine Gewinnabsicht. Der Genuss, am Weg zu sein, geht stückweise verloren, weil Kinder nur mehr die Belohnung im Blick haben.

Bereits bei kleinen Kindern zeigte sich dies in bemerkenswerter Form. In einer Untersuchung wurden zwei getrennte Gruppen von Kindern zum Malen eingeladen. Eine Gruppe erhielt nach dem Malen eine Belohnung, die andere hingegen nicht. Als die Kinder ein zweites Mal zum Malen eingeladen wurden, malten die Kinder, die keine Belohnung erhalten hatten, deutlich länger als die Kinder, die belohnt worden waren. Der Schluss liegt nahe, dass wir deutlich mehr motiviert und durchhaltender sind, wenn wir Dinge aus eigenem Willen tun, als wenn es darum geht, Lob oder Belohnung dafür zu ernten.

Wenn wir Kinder hingegen zu verpflichtenden Aufgaben anhalten möchten, die sie als wenig reizvoll erachten, dann kann es durchaus sinnvoll sein, dass wir ihnen zeigen, wie man sich im Anschluss an die harte Arbeit selbst belohnen kann, indem sie zum Beispiel draußen spielen gehen oder Freunde treffen. Selbst tun wir das ja vielleicht auch manchmal so, dass wir uns nach fader Hausarbeit einen Spaziergang, ein Bad oder auch mal eine besonders gute Speise gönnen.

Anders als echte Anerkennung kann Lob zwar kurzfristig motivierend wirken, hat manchmal aber auch etwas von oben herab Wertendes. Gehen Sie achtsam und sparsam damit um – so wie mit Schokolade. Lieber nicht allzu oft und eher in kleinen Rationen verteilen.

Falls Sie in manchen Situationen mit Bestrafung gedroht oder diese angewandt haben, versuchen Sie es anders. Erkennen Sie zunächst Ihr eigenes Bedürfnis, das übergangen wurde: Respekt, Ordnung, Sauberkeit, Ehrlichkeit, Kontrolle ... Nehmen Sie sich eine Auszeit mit Ihrem Kind, in der sie verdeutlichen, wieso Sie sein Verhalten nicht akzeptieren und was es bewirkt. Fragen Sie es, welche Unterstützung es braucht, damit es sich anders verhalten kann, und treffen Sie eine gemeinsame Vereinbarung. Diese „Miteinandersetzung" sollte kein Monolog, sondern ein Dialog sein, in dem auch Ihr Kind Gehör findet. (Haben Sie Geduld, es wird immer wieder dieses gemeinsame Innehalten brauchen, aber Sie werden Ihr Kind nicht mehr bestrafen.)

Anerkennung ausdrücken

Es ist gar nicht so einfach, den Unterschied zwischen Anerkennung und Lob zu verdeutlichen. Aber es liegt mir deswegen am Herzen, weil wir Kinder allzu oft mit Lob manipulieren und damit auch leistungsabhängige Zuneigung betonen. Ich lade Sie dazu ein, die folgenden Aussagen zu lesen und herauszufinden, bei welchen es sich um Lob, bei welchen es sich hingegen um Anerkennung handelt:
„Das hast du prima gemacht!"
„Was bist du für ein Schatz, finde ich toll, wie du auf deine kleine Schwester schaust!"
„Ich bin dankbar, dass du mir geholfen hast."
„Super, was für ein tolles Zeugnis!"
„Ich bin stolz auf dich, finde, du hast dich echt angestrengt ..."
„Ich sehe dich da oben im Baumwipfel, du hast es geschafft!"

„Mir gefällt dein Bild, besonders die Farbtöne …"

Wie Sie sehen, tappen wir weniger schnell in die Falle der Bewertung, wenn wir auch hier Ich-Botschaften nutzen. Am leichtesten bemerken Sie den Unterschied, wenn Sie bewusster beobachten, wie Sie selbst Rückmeldungen empfinden. Lob fühlt sich an wie ein Schulterklopfen von oben herab, wenn vielleicht auch schmeichelhaft, aber immer wertend – Anerkennung hingegen ist eine Wertschätzung auf Augenhöhe, eine ehrliche Rückmeldung wie Ausdruck persönlicher Freude, Dankbarkeit oder dergleichen. Kinder, die Anerkennung erfahren, brauchen sich nicht zu verbiegen, um ihren Eltern zu gefallen und um Aufmerksamkeit zu erfahren. Sie fühlen sich von Natur aus wichtig und bedeutsam. Sie erfreuen sich an ihren eigenen Fortschritten, fühlen sich dabei wahrgenommen und bedingungslos geliebt.

Lob macht außerdem süchtig. Kinder, die ständig gelobt werden, wollen immer mehr davon und fühlen sich besonders dann liebenswert, wenn sie Lob erhalten. Außerdem werden sie häufig zu Minimalisten, vor allem, wenn sie merken, dass bereits wenig Anstrengung Lob einbringt. Stellen Sie sich vor, wir würden jeden Buchstaben, den ein Kind aufs Blatt schreibt, jubelnd mit „Wow, super!" kommentieren. Einem Kind, das zum ersten Mal eine Kartoffel schält und sich darüber freut, rauben wir sogar ein Stück dieses Erfolgserlebnisses, wenn wir es dabei überaus loben. Denn die nächste Kartoffel schält es dann vor allem, um wieder unser begeistertes Lob zu erhalten. Manche Kinder fragen schließlich sogar ihre Eltern, ob sie denn gelobt würden, wenn sie XY machen.

Es kommt natürlich auf die richtige Dosis an: Wenn wir ein Kind zwischendurch aufmuntern, weil es gerade zögert oder sich eine Aufgabe nicht zutraut, dann werden wir intuitiv anerkennend nicken oder ein aufbauendes Wort aussprechen. Aber gerade beim Endergebnis dürfen wir uns mit überschüttendem Lob zurückhalten.

Ihr Kind hat einen Turm gebaut, ist auf den Baum geklettert, hat eine Perle aufgefädelt, den Tisch gedeckt, ein Turnier gewonnen, eine ausgezeichnete Note erhalten? Es braucht kein übermäßiges Lob von unserer Seite, wertvoller ist ein gemeinsames Staunen und Sich-darüberfreuen. Ein anerkennender Satz wie „Wow, ich staune, wie hoch der Turm geworden ist!" verstärkt die Freude des Kindes mehr als ein „Bravo, das hast du gut gemacht!".

Außerdem hat sich gezeigt, dass Kinder sich mehr anstrengen, wenn wir ihre Mühe und ihr Engagement hervorheben, als wenn wir ihnen sagen, wie intelligent, schlau, begabt usw. sie wären (in der Psychologie wird das als der Effort-Effekt bezeichnet). Kinder, die für ihre Intelligenz gelobt werden, neigen nachweislich dazu, sich bei neuen Herausforderungen eher zu drücken, aus Angst davor, ihren Status zu verlieren bzw. legen sich weniger ins Zeug als Kinder, die wissen, dass es auf die Anstrengung ankommt.

TIPP

Beobachten Sie die feinen Unterschiede zwischen wertendem Lob und ehrlicher Anerkennung. Was passiert, wenn Sie statt einem schlichten „Bravo!" einfach beschreiben, was Sie sehen und offen ausdrücken, was Sie selbst empfinden?

Mental stärken

Erfolg beginnt im Kopf, Misserfolg auch. Denken Sie an die nächsten Herausforderungen, die Ihnen das Leben stellt. Wie zuversichtlich sind Sie, diese gut zu meistern?

Wer optimistisch denkt, konkrete, attraktive Ziele vor Augen hat und den Weg dorthin auf sich nimmt, hat tatsächlich gute Chancen, erfolgreich persönliche Ziele zu erreichen. Jene, die sich Scheitern, Fehler, Blamagen usw. ausmalen, schüren hingegen Versagensängste. Die körperlichen Reaktionen aufgrund des erhöhten Angst- und Stresslevels beeinträchtigen nachweislich die Leistungsfähigkeit.

Denken Sie jetzt bitte NICHT an eine lila Kuh, die auf Skiern den Berg runtersaust … Na⸮! Wahrscheinlich hatten auch Sie sofort dieses skurrile Bild vor Augen. Unser Hirn ist nämlich spezialisiert darauf, Sprache in anschauliche Bilder zu übersetzen. Noch bevor es das NICHT verarbeitet hat, zaubert es schon das Bild der lila Kuh hervor. Wenn wir uns mental vorbereiten, indem wir hoffen, NICHT Fehler zu machen, aufgeregt zu sein, auszuscheiden usw. – passiert genau dasselbe: In unserem Kopf entsteht sofort das Bild, wie es wäre, Fehler zu machen. Deswegen ist es so entscheidend, dass wir positive Bilder schaffen, indem wir uns fragen, wie wir die Anforderung optimal meistern. Was möchten Sie⸮ Ruhig, locker, sachlich, konzentriert, neugierig, empathisch oder flexibel die Sache angehen⸮ Dann stellen Sie sich genau das vor: Ihre Einstellung und Ihre ganz konkreten Vorgangsweisen auf dem Weg zum Ziel.

Kinder und Jugendliche können wir als Eltern ebenso unterstützen, indem wir einerseits ihre Ängste und Sorgen ernst nehmen, sie aber auch fragen, wie ihr Vorhaben optimal ablaufen könnte – was sie denken, fühlen und empfinden, wenn sie sich zum Beispiel ausmalen, ruhig und selbstsicher einfach nur ihr Bestes zu geben. Kinder und Jugendliche lernen sehr schnell, sich positive Szenarien lebhaft vorzustellen, und bemerken auch, wie sich anstelle von Angst eine positive Vorfreude im Körper ausbreitet. Beim mentalen Coaching werden ebenfalls gezielt aufbauende Gedanken, Bilder, Gefühle, Körperempfindungen und Verhaltensweisen aufgegriffen, die für die jeweilige Person besonders hilfreich sind. Werden diese immer wieder aktiviert, können sie auch leichter in stressreichen Situationen genutzt werden.

Brauchen Kinder mentales Training⸮ Diese Frage stellen sich Eltern immer wieder, speziell wenn ihre Kinder Leistungssport betreiben. Solange Kinder im Sport freudvoll spielen, ein hohes Selbstvertrauen zeigen, gemeinsam mit ihren Freunden Spaß haben, sich im Verein wohlfühlen, vom Trainer gut begleitet sind, Misserfolge locker wegstecken und keinerlei Druck verspüren, brauchen sie meist kein zusätzliches Mentaltraining. Es sei denn, sie wollen bereits spezifische mentale Techniken erlernen, die in der jeweiligen Sportart wertvoll sind – oder entspannende Techniken zum Ausgleich. Voraussetzung ist aber, dass die Trainer im mentalen und pädagogischen Bereich kompetent sind und Kinder achtsam begleiten. Wenn es ihnen gelingt, eine wertschätzende und vertrauensvolle Beziehung zu den Kindern aufzubauen und zu pflegen, dann wirkt sich dies meist sehr positiv auf die Persönlichkeitsentwicklung und das sportliche Engagement der Kinder aus.

Sobald Kinder und Jugendliche aber erhöhten Druck, Nervosität, Versagensängste, Selbstzweifel oder körperliche Symptome verspüren, macht ein professionell begleitetes mentales Training auf jeden Fall Sinn. Dies gilt nicht nur für den Sport, sondern auch für die Schule und andere Lebensbereiche, in denen sich Ihr Kind aktuell überfordert fühlt. Bei jüngeren Kindern arbeite ich meist mit den Eltern und dem Kind zusammen, da Eltern ihr Kind durch Co-Regulierung sehr gut unterstützen können.

Mentales Training beinhaltet natürlich mehr als nur fundierte Strategien zur Stressregulation. Wesentliche andere Ziele sind u. a. die Unterstützung in der Selbstreflexion, Steigerung des Selbstvertrauens, der Konzentrationsfähigkeit und der Vorstellungskraft.

Lassen Sie gemeinsam mit Ihrem Kind immer wieder positive mentale Bilder entstehen. Mit jüngeren Kindern können Sie gemeinsam auf Fantasiereise gehen, bei älteren Heranwachsenden eignen sich eher aufbauende Fragen oder das Erzählen eigener hilfreicher Erfahrungen.

Zivilcourage lernen

Vor welcher Mutprobe auch immer Ihr Kind bisher stand, vermutlich haben Sie es intuitiv bestärkt, gemeinsam das Risiko abgewogen oder eingegriffen, um es so vor mancher Gefahr zu bewahren. Ob es sich um die ersten wackeligen Schritte handelte, das erste Mal alleine einkaufen gehen, auswärts übernachten, ein Bühnenauftritt, das erste Date ... viele mutige, neue Schritte bedeuten zunächst das Überwinden von Angst. Aller Wahrscheinlichkeit nach tun Sie es heute noch Tag für Tag: Sie ermutigen Ihr Kind, über den eigenen Schatten zu springen.

Eine besondere Art von Mut ist die Zivilcourage. Es ist der Mut, in Aktion zu treten, wenn wir Ungerechtigkeit wahrnehmen. Wie sich in vielen Experimenten und Vorfällen zeigte, gibt es sogar unter Erwachsenen mehr Wegschauer als „Hinschauer" – speziell in Gewaltsituationen, wenn viele Menschen präsent sind, leisten nur wenige Menschen von sich aus Hilfe. Wie oft schauen wir selbst weg, aus Angst oder Bequemlichkeit? Dabei sind wir wie der französische Schauspieler Molière es ausdrückte, nicht nur verantwortlich für das, was wir tun, sondern auch für das, was wir nicht tun.

Zivilcourage beginnt in der Familie. Wie oft höre ich, dass Eltern an einem Strang ziehen sollten. Natürlich ist es sinnvoll, sich über die grundlegenden Werte und Regeln in der Familie weitgehend einig zu sein. Doch kommt es immer wieder vor, dass ein Elternteil sich einem Kind gegenüber unfair verhält. Wenn sich dann der Partner oder die Partnerin einmischt, empfinden dies viele so, als würde ihnen die zweite Hälfte in den Rücken fallen. In Wirklichkeit machen wir das Gegenüber darauf aufmerksam, dass wir gerade Ungerechtigkeit erleben und setzen uns für das Kind ein – oder andersrum, wenn das Kind seinen Eltern oder Geschwistern gegenüber die Grenzen überschreitet. So lernen Kinder erste Ansätze von Zivilcourage. Es gibt Geschwisterkinder, die insgeheim schadenfroh lachen, wenn Bruder oder Schwester gescholten werden, andere können das hingegen nicht mitansehen, weisen ihre Eltern zurecht. In Familien, in denen ein wertschätzender liebevoller Umgang oberste Priorität hat, lernen Kinder auch, aufeinander zu schauen und das Gesamtwohl der Familie im Blick zu haben. Herrscht bereits zwischen den Eltern ständiger Konkurrenzkampf und erleben Kinder viel Bevormundung, dann werden sie eher zu Einzelkämpfern egoistischer Natur.

Fehlende Zivilcourage kann gravierende Folgen haben, und Menschen werden rasch zu Mitläufern. Sehr häufig habe ich es mit Kindern, Jugendlichen und Erwachsenen zu tun, die Mobbing erlebt und schlimme seelische Verletzungen davongetragen haben. Zum Teil sind sie traumatisiert, und ihr Nervensystem ist aufgrund der Hochstresserfahrungen ständig auf Notfall geschaltet. Sie haben das Gefühl, immer auf der Hut sein zu müssen, um nicht angegriffen zu werden, oder ziehen sich zurück und zweifeln an sich selbst. Wir können unsere Potenziale nur dann frei entfalten, wenn wir uns in der Gemeinschaft wohlfühlen. Deshalb brauchen wir auch, vielleicht mehr denn je, die Entfaltung von mutigem prosozialen Handeln.

Offen auf andere zuzugehen, eigene Standpunkte zu vertreten, Ungerechtigkeit aufzuzeigen oder Menschen in Not zur Hilfe zu eilen, erfordert ein starkes Selbstbewusstsein, innere Gelassenheit und Kompetenz. Menschen, die selbst unsicher sind, zweifeln mehr und getrauen sich in vielen Fällen nicht, Verantwortung zu übernehmen.

Genauso wichtig ist es jedoch auch, Verantwortung abgeben zu können und Unterstützung zu holen, wenn wir selbst überfordert oder in Gefahr sind. Besonders Kinder sollten wir vor zu viel Verantwortungsübernahme schützen. In schwierigen familiären Situationen schlüpfen manche Kinder tapfer in die Rolle eines Elternteils und übernehmen viele Aufgaben. Ihre emotionale Überforderung wird dabei oftmals übersehen, hat langfristig jedoch negative Auswirkungen. Beispielsweise dann, wenn Kinder sich überfürsorglich um ihre Eltern kümmern, sich stets für das Wohlbefinden derselben verantwortlich fühlen und sich von Eltern emotional nicht lösen können.

Zivilcourage geht weit über das Familienleben hinaus. Wenn wir an die ungewisse Zukunft denken mit klimatischen Veränderungen, Naturkatastrophen, politischen Konflikten, möglichen

Wirtschaftskrisen und unvorhersehbaren Krankheiten, verspüren viele ein großes Ohnmachtsgefühl. Auch Kinder und Jugendliche leiden immer öfter darunter. Umso wichtiger ist es, dass wir jungen Menschen vermitteln: Um diese großen globalen Herausforderungen zu meistern, braucht es kollektiven Zusammenhalt – gesellschaftliche Zivilcourage. Außerdem müssen wir vormachen, was wir als Einzelne dazu beitragen, und sie darin bestärken, selbst etwas zu bewegen. Das Erleben, etwas Gutes bewirken und tun zu können, führt uns aus der Ohnmacht. Gleichzeitig schenkt es Zuversicht und Hoffnung.

Sammeln Sie die kleinen Momente der Zivilcourage in Ihrer Familie oder auch Geschichten Ihrer persönlichen Vorbilder. Erzählen Sie Ihren Kindern immer wieder davon, und leben Sie verantwortungsvolles mutiges Denken, Fühlen und Handeln vor.

Hürdenlauf: Kleine und große Hindernisse im Leben

Die Steine, die auf unserem Lebensweg liegen, sind manchmal schwere Brocken. Wenn wir alleine davor stehen, mögen sie uns unüberwindbar erscheinen. Aber meist gelingt es, sie zu überwinden und manchmal sogar etwas Neues aus ihnen zu bauen.

Selbstwirksamkeit erleben

Um den Hürdenlauf im Leben gut zu meistern, braucht es vor allem Selbstwirksamkeit. Der amerikanische Psychologe A. Bandura prägte den Begriff der Selbstwirksamkeit bereits in den 1980er-Jahren. Er verstand darunter die Überzeugung einer Person, auch schwierige Situationen und Herausforderungen aus eigener Kraft erfolgreich bewältigen zu können. In seinen Untersuchungen fand er heraus: Je höher wir unsere Selbstwirksamkeit in konkreten Situationen einschätzen, desto weniger schüttet unser Organismus Stresshormone aus.

Insbesondere konnte A. Bandura zeigen, dass sich durch gezieltes Training die Selbstwirksamkeit maßgeblich verbessert. So arbeitete er u. a. mit einer Gruppe von Frauen, die anfangs unter einer massiven

Spinnenphobie litt. Nach und nach wurden die Frauen mit immer herausfordernden Situationen konfrontiert und lernten, mit diesen umzugehen. Löste zu Beginn bereits die Vorstellung einer Spinne massive messbare Stressreaktionen aus, so konnten die Frauen am Ende der Behandlung eine Spinne über ihren Arm krabbeln lassen, ohne großen Stress zu verspüren. Vor allem wurden die Frauen durch das Training zunehmend zuversichtlicher. Erst sobald sie sich zutrauten, die nächste Anforderung meistern zu können, wurden sie damit konfrontiert.

Auch ich erlebe das in meiner Arbeit beinahe täglich: Wenn es gelingt, die Selbstregulation zu verbessern, das Vertrauen in die eigenen Fähigkeiten und äußeren Ressourcen zu stärken sowie Vergangenes hinter sich zu lassen, dann wächst auch die Zuversicht. Die Zuversicht, welche Menschen die Kraft gibt, auch schwierige Situationen oder Krisen zu meistern.

Doch manche Menschen haben bereits so oft Überwältigung oder Panik in bestimmten Situationen erlebt, dass die Angst sich wie verselbstständigt hat. Dann bringt ein „Augen zu und durch" meist wenig, kann mitunter sogar retraumatisierend sein. Solange das Nervensystem hoch aktiviert ist, bleibt die Anforderung mit Angst verbunden und wird auch nicht als positiv gemeistertes Erlebnis abgespeichert. Dann braucht es in der Behandlung mehr Geduld, ein fein dosiertes Vorgehen und vor allem neue erfolgreiche Erfahrungen. Je eher Menschen dabei Unterstützung erfahren und Selbstwirksamkeit erleben, desto schneller erholen sie sich und trauen sich wieder mehr zu.

Die Anforderungen im Alltag können unterschiedlichster Natur sein, manchmal können wir auch die Ängste unseres Kindes gar nicht nachvollziehen. Wieso sollten denn unter dem Bett Monster leben, vor denen man sich so fürchtet, dass man nachts nicht schlafen kann? Viele Erwachsene tun solche Fantasien als völligen Schwachsinn ab. Doch die menschliche Vorstellungskraft kann massive Ängste schüren. Ähnlich wie Erwachsene, die sich Katastrophenfilme ausmalen oder sich übermäßig damit befassen, was schlimmstenfalls im Leben eintreten könnte. Oft suchen Kinder und Jugendliche vor neuen

Herausforderungen oder nach überwältigenden Ereignissen verstärkt die Nähe zu Bezugspersonen. Manche scheinen auf einmal wieder am Rockzipfel ihrer Eltern zu hängen, denn dort fühlen sie sich sicher. Es braucht oft viel Geduld, Verständnis und Ermutigung, bis sich das Kind innerlich wieder ganz beruhigt hat und sich unbeschwert den alltäglichen Herausforderungen widmen kann.

Wie erfahren Kinder Selbstwirksamkeit? Ganz einfach, indem sie Gelegenheit dazu bekommen, schwierige Situationen selbst zu meistern, ohne dass wir immer sofort zu Hilfe eilen. Viele Eltern empfinden es als Ausdruck von Zuwendung und Liebe, wenn sie ihrem Kind stets behilflich sind. Natürlich erleben Kinder so, wie Hilfsbereitschaft aussieht – häufig jedoch fühlen sie sich in der Folge darin bestätigt, dass sie es selbst nicht schaffen würden. Mama und Papa sind sofort zur Stelle, binden die Schuhe, nehmen den Rucksack ab usw. Es ist kein Wunder, dass viele Kinder sich wenig zutrauen und in schwierigen Situationen ungern Verantwortung übernehmen.

Außerdem beobachten Kinder natürlich, wie wir selbst mit Krisen umgehen. Wir können Schicksalsschläge nicht kontrollieren, aber wir können beeinflussen, wie wir auf sie reagieren. Es ist okay, wenn uns zunächst Gefühle aller Art überschwemmen, und gleichzeitig hilfreich, wenn wir uns einen Plan zurechtlegen. Einen simplen Plan, der uns Halt gibt, den Tag strukturiert und Kraftquellen beinhaltet.

Es ist nicht immer leicht, den Weg zwischen Überbehütung und Überforderung zu finden. Aber Kinder haben sehr viel mehr davon, wenn wir ihnen zeigen, wie sie sich selbst helfen können, statt dass wir ihnen jeden Stein aus dem Weg räumen.

REFLEXION

Beobachten Sie, welche Dinge Sie Ihrem Kind abnehmen, die es selbst schaffen würde, und aus welchem Grund Sie das tun. Wie stehen Sie Ihrem Kind zur Seite, ohne ihm Aufgaben gleich ganz aus der Hand zu nehmen?

Mit Fehlern clever umgehen

Sind Ihnen Fehler egal? Wenn Ihr Kind beim Schreiben etwas patzt oder Ihnen selbst ein Missgeschick passiert vielleicht schon – wenn Sie auf dem OP-Tisch liegen und Ihr Leben einem Ärzteteam anvertrauen, dann vermutlich weniger. Insofern ist es wichtig, dass wir Kindern Fehler im Lernprozess zugestehen, ihnen aber gleichzeitig vermitteln, dass sie auch Verantwortung für diese tragen und Genauigkeit in manchen Bereichen äußerst wichtig ist.

Es gibt ein Sprichwort, das besagt: „Der Optimist irrt sich genauso oft wie der Pessimist, er hat nur viel mehr Spaß dabei!" Aus Fehlern das Beste zu machen und einen lockeren Umgang mit Unvollkommenheit zu pflegen, betrachte ich als besonders wertvolle Kunst. Wer diese Kunst beherrscht, lebt eindeutig zufriedener.

Wie wir mit eigenen und Fehlern anderer umgehen, hängt, wie bereits erwähnt, mitunter von unseren eigenen Kindheitserfahrungen ab. Wurden wir in der frühen Kindheit häufig kritisiert, bestraft oder beschämt, neigen wir mehr dazu, uns selbst anzuzweifeln und andere zu tadeln. Diese Tatsache, dass wir kritische Stimmen, ärgerliche Reaktionen und erfahrene Beschämung früh verinnerlichen, muss uns jedoch nicht lebenslänglich einschränken. Vor allem sollte die Vergangenheit nicht zu einem Alibi für unser Verhalten werden. Wir können lernen, Fehlern anders zu begegnen und sie als Chance zu nutzen.

Es gibt genügend Gründe, warum es sich lohnt, einen cleveren Umgang mit Fehlern zu lernen. Allen voran sind es der Schutz des Selbstwerts und die Wahrung eines positiven Selbstbildes – davon profitieren Sie selbst und Ihr Kind. Andererseits gibt es Menschen, die genau aus diesem Grund selten zu eigenen Fehlern stehen, weil sie so ihr Selbstbild schützen.

Es ist, wie gesagt, ein Unterschied, ob Sie die Person selbst oder Ihr Verhalten kritisieren! Kinder, welche immer wieder erfahren, dass sie selbst nicht richtig sind, sondern als gemein, dumm, ängstlich, zappelig, unordentlich, schlampig, tollpatschig, jähzornig, egoistisch oder dergleichen bezeichnet werden, erleben Beschämung. Oft reichen auch die strafenden, lieblosen Blicke in solchen Situationen, die ganz klar signalisieren: „Ich mag dich so nicht." Langfristig entwickeln viele Kinder und Jugendliche ein inneres Gefühl von „Ich bin nicht okay, so wie ich bin".

Für manche Kinder sind diese Erfahrungen dermaßen schlimm, dass sie in der Folge eine kaum aushaltbare innere Anspannung erleben und am liebsten vor sich selbst weglaufen würden – sie sehen sich selbst sehr fehlerbehaftet. Einige reagieren mit Wutausbrüchen oder sozialem Rückzug, andere verletzen sich selbst. Eine Jugendliche meinte zu mir, es wäre leichter, den Schmerz dabei zu ertragen, als dieses innere Gefühl von „nicht okay sein" oder Selbsthass auszuhalten. Selbstverständlich kann selbstverletzendes Verhalten auch andere Ursachen haben.

Vielleicht geht Ihnen gerade die Frage „Darf ich jetzt mein Kind nie mehr kritisieren?" durch den Kopf. Doch, natürlich, Sie brauchen nicht alles schönreden, aber es kommt auf die Art und Weise an. Wenn Sie ehrlich, klar und respektvoll ausdrücken, was Sie am Verhalten nervt oder welchen Fehler Sie entdeckt haben, dann verletzen Sie die Person ja nicht, sondern kritisieren deren Verhalten oder deren Entscheidungen.

Ein Fehler bedeutet eigentlich nur, dass noch etwas fehlt und dass es noch etwas zu lernen gibt. Oft reicht es schon, darauf hinzuweisen und das Kind selbst suchen zu lassen, was es noch zu verbessern gilt. Ich fand es sehr eindrücklich, als ich vor ein paar Jahren eine Lehrerin beobachtete, die gerade mit einem Kind gemeinsam einen Aufsatz korrigierte. Zunächst drückte sie ihre Anerkennung für den originellen Schluss der Geschichte aus, und dann setzte sie über jedes falsch geschriebene Wort einen Punkt. Schließlich überarbeitete das Kind eigenständig nochmals seinen Text. Es erkannte selbst einige Fehler, andere, indem es Schulfreunde befragte, und stellte sie daraufhin richtig. Nach getaner Arbeit lief das Kind zur Lehrerin, zeigte ihr die Arbeit, und aus jedem Punkt wurde eine Blume.

Kinder und Jugendliche sollten die Chance bekommen, sich so lange zu verbessern, bis sie ein ihrem Entwicklungsstand entsprechend gutes Ergebnis erreichen. Wer nur mit einer negativen

Bewertung abgefertigt wird, bleibt frustriert zurück und lernt aus den Fehlern meist nicht besonders viel. Jeder Autor überarbeitet sein Werk unzählige Male, lässt sich inspirieren und seine Arbeit lektorieren, so lange, bis er damit zufrieden ist.

Außerdem ist es viel motivierender, sich darauf zu konzentrieren, welche Fähigkeiten Kinder noch lernen oder verbessern können, und sie darin zu unterstützen, anstatt sich zu sehr mit der Analyse von Problemen und Fehlern zu beschäftigen. Mit einer neugierigen und optimistischen Grundhaltung lassen sich viele Hürden leichter meistern.

Wenn Sie mit Ihrem Kind zusammen eine Aufgabe überprüfen, unterstreichen Sie zur Abwechslung einmal alles, was Ihnen gefällt oder richtig ist. Fragen Sie dann das Kind, was es zu verbessern gibt, und ermutigen Sie es, die Fehler selbst zu entdecken. (Grundsätzlich ist es eine gute Angewohnheit, zunächst die eigene Arbeit zu überprüfen, denn in den allermeisten Fällen finden wir selbst Fehler).

Chancen in der Krise finden

Wenn wir gerade mitten in einer Krise stecken, sehen wir selten über den Tellerrand hinaus. In dem Moment mag vieles aussichtslos und deprimierend erscheinen, und trotzdem birgt beinahe jeder Tiefpunkt eine Entwicklungschance in sich.

Es gibt dazu viele berührende Geschichten von Menschen, die bittere Schicksalsschläge erlebt, sich davon erholt und das Beste daraus gemacht haben. Dabei müssen es gar nicht verheerende Ereignisse sein, sondern auch persönliche Niederlagen können heftige Krisen auslösen und zu einem Hindernis im Leben werden.

Jugendlichen erzähle ich gerne Geschichten von Sportlern, da im Sport der Misserfolg ganz einfach dazugehört. Als die talentierte Eiskunstläuferin Carolina Kostner sich auf die Olympiade in Vancouver vorbereitete, war sie in Topform. Sie berichtete aber auch von der immensen emotionalen Anspannung, die sie erlebte, als sie dort zur Kür antrat: Am liebsten wäre sie weggelaufen. Es folgte ein Sturz nach dem anderen, und es war vermutlich einer der peinlichsten Auftritte in ihrer Sportkarriere. Anschließend wollte sie vom Sport zunächst nicht mehr viel wissen und hätte am liebsten das Handtuch geworfen. Die liebevolle Unterstützung ihrer Familie und vor allem die Erkenntnis, dass Eiskunstlauf trotz allem ihre größte Passion ist, wären damals entscheidend gewesen. Von da an konnte sie ruhiger sein, sich ihrer Bewegung auf dem Eis wieder voll und ganz erfreuen, unabhängig von Punkten und Ergebnissen. Im Jahr nach dieser bitteren Niederlage war sie erfolgreich wie nie zuvor.

In Momenten der Krise werden wir manchmal so zurückgeworfen, dass das bloße Existieren und Leben neue Bedeutung gewinnt. Manche Menschen erleben tiefste Dankbarkeit für diese wesentlichen Dinge und können daraus enorme Kraft schöpfen. Solange uns das Kohärenzgefühl nicht ganz abhandenkommt und wir im Leben einen Sinn erkennen, können wir auch Schlimmes verkraften. Aus dem Blickwinkel der Salutogenese – dem Konzept von A. Antonovsky, der sich eingehend mit der Entstehung von Gesundheit befasste, sind die Verstehbarkeit, die Handhabbarkeit und die Sinnhaftigkeit die bedeutsamsten Faktoren für unser Wohlbefinden, speziell in und nach Krisensituationen.

Diese Zeilen schreibe ich gerade inmitten der „Corona-Pandemie" – eine Krise, die die gesamte Weltbevölkerung betrifft. Momentan ist es besonders spürbar: das starke Verlangen nach wahrheitsgetreuen Informationen und realistischen Prognosen (verstehen wollen), der Wunsch, etwas aktiv tun und helfen zu können (handeln können) und die Frage nach dem Sinn, die sich jeder selbst stellt. So können viele Menschen für sich persönlich auch positive Aspekte der „Zwangsentschleunigung" erkennen, die Zeit mit der Familie genießen, eigenen

Träumen und Projekten nachgehen oder die Erholung der Natur beobachten. Auch wenn viele mitunter Ohnmachtsgefühle, Angst, Entsetzen, Erschöpfung, Trauer, Einengung oder Zukunftsängste erleben – den allermeisten Menschen gelingt es, aus verschiedensten inneren und äußeren Quellen Kraft zu schöpfen. Auch Kinder und Jugendliche wollen verstehen, was passiert, in ihren Ängsten wahrgenommen werden und einen ungefähren Plan haben, wie sie ihre Tage gestalten können. Darin können Sie Ihr Kind unterstützen – auch indem Sie vormachen, wie Sie mit den schwierigeren Momenten oder der Informationsflut umgehen, ohne Schaden davon zu nehmen.

Krisen bewirken meist Veränderung und damit die Entstehung von Neuem. Unser Weltbild, unsere Einstellungen und unser Verhalten können sich in dieser Zeit verändern. Manchmal sind es auch ganz kleine unscheinbare Veränderungen. Wir haben zum Beispiel in der Familie ein neues Ritual eingeführt. Vor dem Abendessen erzählt jedes Familienmitglied, wofür es an diesem speziellen Tag dankbar ist. Die Welt aus Kinderaugen betrachtet ist unglaublich spannend. Manchmal erzählen sie Lustiges, andere Male Tiefsinniges, und sie selbst lauschen gespannt, wofür wir Erwachsenen Dankbarkeit empfinden. In diesem Fall haben Nahrung, Gesundheit und Solidarität in unserer Familie einen neuen Stellenwert bekommen.

IDEE

Sie können in Krisensituationen auf die HILFT-Strategie zurückgreifen und auch Ihr Kind dabei unterstützen.
H: Haltung: Konzentriere dich auf die Dinge, die du kontrollieren kannst.
I: Innehalten: Annehmen deiner Gedanken und Gefühle – sie sind okay!
L: Lassen: Körperreaktionen geschehen lassen – gleichzeitig Bodenkontakt spüren!
F: Fokus: Aufmerksamkeit ins Außen verlagern, wenn Gefühle zu stark werden. Was kannst du Angenehmes sehen, hören, tasten?
T: Tun: Engagiere dich – tue Dinge, die dir guttun, suche Kontakt mit anderen, werde aktiv im Rahmen des Möglichen.

Seelische Not ernst nehmen

Gut gemeinte Kommentare wie „Ist ja nichts passiert!", „Alles halb so wild, du musst nur positiv denken!" oder „Reiß dich doch zusammen!" sind wenig hilfreich für jemanden, der innerlich wirklich verzweifelt ist. Gerade bei Kindern und Jugendlichen wird seelische Not manchmal unterschätzt, so als wären sie noch nicht groß genug dafür.

Wenn wir im Großen und Ganzen gesund sind, können wir auch leichter unser Wohlbefinden und unseren mentalen Zustand beeinflussen. Wenn jemand hingegen an einer psychischen Erkrankung organischen Ursprungs leidet, ist dies nur mehr eingeschränkt möglich – zum Beispiel bei Schilddrüsenfehlfunktionen oder einem sehr geringen Serotoninlevel, welche medikamentöse Therapien erfordern.

Gerade im Jugendalter zwischen zwölf und 17 Jahren erkranken (je nach Erhebung und Altersstufe) zwischen drei und zehn Prozent an einer Depression. Diese erhöht wiederum bei Jugendlichen das Risiko für suizidales Verhalten um das Zwanzigfache, während Suizide im Kindesalter selten sind. Suizidgedanken sollten jedoch immer ernst genommen und thematisiert werden. Eltern sollten in diesem Fall nicht zögern, professionelle Hilfe in Anspruch zu nehmen.

Warum eine depressive Erkrankung im Kindes- und Jugendalter häufig unerkannt bleibt, hängt damit zusammen, dass meist andere Verhaltensauffälligkeiten im Vordergrund stehen. Jüngere Kinder zeigen im Vergleich zu unbeschwerten Gleichaltrigen u. a. häufig mehr Unruhe, Gereiztheit oder Überanhänglichkeit, ältere Kinder verspüren oft zudem wenig Freude an motorischen Aktivitäten oder übermäßige Ängstlichkeit, haben Konzentrationsschwierigkeiten oder psychosomatische Symptome. Jugendliche fühlen sich zusätzlich oft den Erwartungen nicht gewachsen, zweifeln an sich selbst und grübeln viel. Über alle Altersgruppen hinweg fallen außerdem häufig Ess- und Schlafstörungen, starke Stimmungsschwankungen, Suchtverhalten oder sozialer Rückzug auf, hinter welchen sich oft eine depressive Symptomatik verbirgt.

Nachdem in der Pubertät vorübergehende Stimmungsschwankungen und Verhaltensveränderungen normal sind, ist es nicht immer leicht zu verstehen, wie Eltern reagieren sollen. Besonders dann, wenn Jugendliche aus Angst vor Stigmatisierung ihr Leid für sich behalten. Bei Verdacht auf eine psychische Erkrankung ist es jedoch notwendig, das Gespräch zu suchen, die eigene Sorge zum Ausdruck zu bringen und so rasch wie möglich psychologische oder medizinische Unterstützung zu organisieren. In manchen Fällen ist neben einer individuellen Psychotherapie und begleitenden Familientherapie auch eine medikamentöse Behandlung indiziert.

Sich angstfrei auf eigene Gefühle einzulassen oder die Vorstellung, sich mit belastenden Erlebnissen zu befassen, kann zunächst Stress auslösen. Deswegen fürchten sich manche Menschen auch davor, einen Psychologen oder Therapeuten aufzusuchen. Außerdem herrschen in unserem Kulturkreis immer noch bizarre Vorstellungen von Psychologie, Psychotherapie oder Psychiatrie. Gleichzeitig merke ich, dass gerade im Sport- und Lernbereich junge Menschen mentales oder psychologisches Coaching sehr gerne in Anspruch nehmen und zunehmend als Selbstverständlichkeit betrachten. Dies hat den großen Vorteil, dass sie präventiv begleitet werden können. Dabei machen die meisten die Erfahrung, wie nützlich es sein kann, sich mit sich selbst auseinanderzusetzen und hilfreiche mentale Strategien zu erlernen. Außerdem suchen sie in Akutsituationen erfahrungsgemäß eher selbst aktiv Hilfe und haben weniger Hemmungen, sich im psychologischen Bereich begleiten zu lassen.

TIPP

Informieren Sie sich über Fachstellen und Hilfsangebote in Ihrer Umgebung. Wenn Sie etwas näher mit solchen vertraut sind, tun Sie sich leichter, Menschen in seelischer Not dorthin zu begleiten und zu bestärken, psychologische Hilfe anzunehmen.

💬 Endlich kann ich über das sprechen, was mich am meisten beschäftigt.
Nun darf das heraus, was ich jahrelang, ein Leben lang in mir trug.
Der einfachste Mensch ist immer noch ein sehr kompliziertes Wesen. 💬 MARIE VON EBNER-ESCHENBACH

Auffälliges Verhalten verstehen

Kinder können nervenstrapazierendes oder impulsives Verhalten an den Tag legen. Außerdem wissen sie meist sehr genau, wie sie uns Erwachsene auf die Palme bringen könnten. Doch sie tun es in der Regel nicht, weil sie intuitiv mit uns kooperieren. Ihr „störendes" Verhalten hat unterdessen fast ausnahmslos einen anderen guten Grund.

Kinder zeigen u. a. dann auffälliges Verhalten, wenn sie sich unwohl fühlen, sich nicht gesehen oder angenommen fühlen, wenn sie von ihren Emotionen überrollt werden, von Konflikten in der Familie ablenken, wenn sie Schlimmes erlebt haben, das sie noch nicht verarbeiten konnten, oder manchmal einfach aus Spaß oder Übermut.

Bereits Säuglinge beginnen zu schreien, wenn sie Stress oder Unruhe bei ihren nächsten Bezugspersonen spüren. Sie haben sogar ein ganz feines Gespür für unser inneres Empfinden und lassen sich leicht emotional anstecken. Vielen Eltern ist ihre eigene Anspannung in diesen Momenten zum Teil gar nicht bewusst. Sie versuchen aufgeregt ihr Kind zu beruhigen, aber dieses wird meist erst dann ruhig, wenn sie sich selbst wieder entspannen.

Ältere Kinder können differenzieren zwischen eigenen Gefühlen und Gefühlen anderer. Aber auch sie reagieren sensibel auf Stress in der Familie und sind vor allem dann verhaltenskreativ, wenn wir gerade selbst gereizt, unruhig oder nicht ganz präsent sind. In der Schule fallen Kinder auf, die nicht lange stillsitzen können, mitunter ausrasten, sich gedanklich wegbeamen usw. – dies sind meist besonders sensible, neugierige und lebhafte Kinder (die oft schon stressreiche Erfahrungen hinter sich haben). Ihr Verhalten hat einen Sinn: Ihr ganzer Organismus versucht, den Stress loszuwerden, sich vor Verletzungen oder vor Überflutung zu schützen. Manchmal geschieht dies in einer Heftigkeit, die uns Erwachsene irritiert. Die Kinder bräuchten in diesen Momenten tatsächlich jemanden, der sich mit ihnen bewegt, eine Ruheinsel, in der sie sich erholen könnten, oder einen Menschen, der ihnen zuhört und versteht, warum sie sich gerade vielleicht überfordert, ausgeschlossen oder angegriffen fühlen. Schlichtweg jemanden, der sich ehrlich für sie interessiert und ihnen hilft, mit der Über- oder Untererregung umzugehen. Wenn sie hingegen in einer Ecke sich selbst überlassen werden, verstärkt dies das Gefühl, nicht okay zu sein.

Außerdem steht auch übermäßiger Medienkonsum in Verbindung mit hyperaktivem Verhalten und Konzentrationsschwächen. Jedenfalls ist die sogenannte Hyperaktivitäts- und Aufmerksamkeitsdefizitstörung (ADHS) häufiger auf familiäre Konfliktsituationen, traumatische Erfahrungen oder stressreiche Bindungserfahrungen zurückzuführen als auf organische Ursachen. Deswegen ist die u. a. medikamentöse Behandlung der Symptome sehr umstritten, auch wenn sie zur Symptomlinderung beiträgt.

Wir können auffällige Verhaltensweisen als Weckruf sehen oder als Aufforderung zum Innehalten. Ein Innehalten, indem wir versuchen zu verstehen, was gerade abläuft, wie wir selbst gerade fühlen und handeln und welche Bedürfnisse hinter dem Verhalten liegen. Das Verhalten ist nämlich eine Reaktion auf das, was vorher war, und in den seltensten Fällen mit bösen Absichten verbunden. Dies bedeutet natürlich nicht, dass wir jedes Verhalten verständnisvoll gutheißen, besonders wenn es die Grenzen von Mitmenschen überschreitet.

Stellen Sie sich streitende Geschwister vor. Am Ende eskaliert der Streit und die Schwester beißt den älteren Bruder. Spätestens zu diesem Zeitpunkt greifen Eltern meist ein. Sie könnten die beiden einfach trennen und das Mädchen sanktionieren oder selbst beißen, in der Hoffnung, dass dieses Verhalten nie mehr vorkommt. Eine Mutter meinte, so würde das Kind lernen, wie weh das tut. Aber lernen Kinder so Empathie und gewaltfreie Konfliktlösung?

Zunächst bräuchte es in diesem Fall Deeskalation. Dabei reichen beschwichtigende Worte oft nicht, und es braucht oft erstmals räumlichen Abstand oder die Möglichkeiten, dem Ärger auf sozial verträgliche Weise Luft zu machen. Wenn der Stresslevel steigt, kommen besonders Kinder schnell in einen Kampf- oder Fluchtmodus, deswegen beginnen sie auch zu schimpfen, kratzen, schlagen, beißen oder laufen davon. Wir unterstützen sie am besten, indem wir ihnen eine Möglichkeit geben, diese Übererregung abzubauen – laufen, springen, boxen, weinen, auch mal schreien, in einer Form, in der nichts und niemand zu Schaden kommt. Erst danach, wenn wieder Ruhe eingekehrt ist, können wir über das Vorgefallene sprechen, Lösungen finden und gemeinsam herausfinden, wie wir in Zukunft einer solchen Streiteskalation vorbeugen können. Außerdem stellen wir klar, dass wir verletzende, aggressive Verhaltensweisen anderen gegenüber nicht dulden.

Allein das Wissen, dass jedes Verhalten einen guten Grund hat, erleben viele Eltern und Pädagogen als hilfreich. Denn dies ermöglicht uns, das Verhalten aus verschiedenen Blickwinkeln zu betrachten, zu verstehen und in der Folge selbst anders damit umzugehen.

TIPP

Egal, was kommt, Sie werden früher oder später bestimmt mit irritierenden Verhaltensweisen Ihres Kindes konfrontiert. Üben Sie sich immer wieder darin, den guten Grund hinter dem Verhalten zu erkennen. Sie werden vermutlich zunehmend anders damit umgehen.

Empathie entwickeln

Haben wir heutzutage manchmal den Eindruck, in einer gefühlskalten Welt zu leben, in dem Konsum und Leistung im Vordergrund stehen, so zeigt sich, wie schnell sich das in Krisenzeiten ändern kann. Solidarität und Mitgefühl sind genau das, was Menschen dann verbindet und ihnen Halt schenkt. Heute wissen wir, dass Empathie nicht nur von der Lebenserfahrung abhängt, sondern dass bereits kleine Kinder mitfühlen.

Vor einer Weile saß ich im Zug und beobachtete eine Szene, die mich sehr berührte. Einige Reihen weiter entfernt saß eine Mutter mit ihrem quengelnden Säugling im Arm. Er begann, immer lauter zu schreien. Die Reaktionen der übrigen Zuginsassen waren ganz unterschiedlich: Eine Frau klappte sichtlich genervt ihr Buch zu, ein Jugendlicher wappnete sich mit Ohrenstöpseln, eine ältere Frau schaute mitleidig und sprach beruhigend auf das Kind ein, das daraufhin noch lautere Töne von sich gab. Ein kleiner Junge, vermutlich um die zwei

Jahre alt, ließ sich nicht aufhalten: Er kletterte von seinem Sitz runter, lief zur Mutter mit dem kleinen Säugling, zog seinen eigenen Schnuller aus dem Mund und reichte ihn der Mutter.

Die Fähigkeit mitzufühlen, bekommen wir, wie es aussieht, in die Wiege gelegt. In den ersten 18 Monaten handelt es sich zwar mehr um Gefühlsansteckung als um bewusstes Mitfühlen. Aber mit der Entwicklung des Selbst beginnen Kinder auch mehr zu verstehen, wie andere sich fühlen. Dies bedeutet nicht, dass sie immer empathisch reagieren. Auch wir Großen haben mitunter empathische Aussetzer, nehmen Gefühle anderer auf die leichte Schulter oder übertreten Grenzen. Wenn wir uns dessen bewusst sind, können wir immerhin leichter auf andere zugehen und zu unseren Fehlern stehen. Auch das ist ein Zeichen von Respekt und Empathie.

Stellen Sie sich vor, Ihr Kind kommt weinerlich von der Schule nach Hause und erzählt ihnen, was passiert ist. Die allerbeste, etwas übergewichtige Freundin, wäre im Turnunterricht beim Krabbeln durch die Langbänke mittendrin stecken geblieben. Das habe so witzig ausgesehen, dass die halbe Klasse lauthals gelacht habe. Ihr Kind habe sich das Lachen auch nicht verkneifen können. Die Freundin wäre daraufhin in Tränen ausgebrochen, schließlich in die Umkleide geflüchtet und habe sich im Klo eingesperrt. Ihr Kind habe sich entschuldigt, aber die Freundin hätte es keines Blickes mehr gewürdigt. Ihrem Kind steht das schlechte Gewissen ins Gesicht geschrieben. Im Grunde kann es das nur empfinden, weil es eben Mitgefühl für die Freundin hat. Wie würden Sie nun empathisch mit ihrem Kind umgehen?

Manchmal reicht es, dass wir mitfühlend zuhören, Gefühle verstehen und gemeinsam nach hilfreichen Handlungsmöglichkeiten suchen. Sehr befreiend bei Schuld- oder Schamgefühlen ist es für Kinder oft auch, wenn wir von eigenen Blamagen oder Missgeschicken erzählen. Wie wir diese erlebt haben und wie wir damit umgegangen sind. So setzen wir uns gemeinsam in ein Boot. Im oben beschriebenen Fall könnte es hilfreich sein, dem Kind die verschiedenen Gefühle zuzugestehen. Dabei wird es verstehen, dass manche Erlebnisse aus unterschiedlichen Blickwinkeln lustig und beschämend zugleich sein können. Andererseits lässt sich Herzenswärme tatsächlich lernen und stärken. Gerade durch die liebevolle Zuwendung, die gemeinsamen Gespräche, das Miteinandereinfühlen in andere und die Wertschätzung von empathischen Gesten. Auch das Vorlesen und Erzählen von Geschichten oder Theaterspielen eignet sich dafür hervorragend. Es kann so schön, aber auch so schmerzhaft sein, sich mit Figuren zu identifizieren und mitzufühlen.

TIPP

Ist Ihr Kind traurig, wütend, enttäuscht, eifersüchtig …? Widerstehen Sie dem Versuch, es immer abzulenken und negative Gefühle schnell beseitigen zu wollen. Halten Sie inne, nehmen Sie Blickkontakt auf, versuchen Sie den Gesichtsausdruck, die Haltung und den Ton der Stimme Ihres Kindes bewusst wahrzunehmen. Können Sie dem Kind das Gefühl zugestehen und wohlwollend abwarten, bis es wieder abklingt?

Ängste überwinden

„Wer keine Angst hat, der hat keine Fantasie!", meinte Erich Kästner. Tatsächlich entstehen viele unserer Ängste im Kopf. Wie wenn wir uns vorstellen zu versagen, uns zu blamieren, andere zu enttäuschen oder Schlimmes zu erleben. Sogar die Angst vor der eigenen Angst entsteht im Kopf. Diesen angstschürenden Gedanken liegen oft verinnerlichte perfektionistische Haltungen oder negative Überzeugungen zu Grunde.

Dort, wo diese Ängste entstehen, können sie meist überwunden werden – und zwar im Kopf. Gerade indem wir uns mit eigenen

Haltungen und grundlegenden Überzeugungen befassen, wird deutlich, welche Hindernisse wir uns selbst in den Weg legen. Doch wir können lernen, mit geringeren Erwartungen an Situationen heranzugehen und nachsichtiger mit uns selbst umzugehen. Ein ganz einfacher Trick besteht darin, sich vorzunehmen, es nicht zu gut zu machen. Erst recht, wenn Sie zum ersten Mal vor einer besonderen Herausforderung stehen, versuchen Sie, es maximal mittelprächtig zu machen.

Auch Kinder und Jugendliche leiden oft darunter, und viele schämen sich für ihre Ängste. Manchmal äußern sie ihre Furcht auch nicht, sondern leiden eher körperlich u. a. an Übelkeit, Schlaflosigkeit, Kopfschmerzen oder Ohnmachtsgefühlen.

Manchmal reicht es, mit dem Kind ein Ziel neu zu definieren. Im Coaching mit einer jungen Leichtathletin zeigte sich massive Versagensangst vor einem Wettkampf. Es stellte sich heraus, dass sie zum ersten Mal an einem Hürdenlauf teilnehmen sollte. Eigentlich lägen ihr Mittelstrecken, aber Hürden überhaupt nicht. Der Trainer hätte darauf bestanden, dass sie dieses Mal Hürden laufe, obwohl sie sich dagegen gewehrt hätte. Der erste Weg hätte nun sein können, dem Trainer noch einmal zu verdeutlichen, dass sie sich nicht vorbereitet genug fühle und diesen Wettkampf nicht bestreiten würde. Aber zunächst interessierte mich, wovor sie wirklich Angst hatte. Es ergab sich, dass ihre größte Angst darin bestand, nicht unter die ersten drei zu kommen – wie normalerweise –, sondern Letzte zu werden, was für sie extrem peinlich werden würde. Wir haben eine Weile gemeinsam darüber reflektiert, und wir befanden, dass bei dieser großen Angst die bloße Teilnahme schon ein Sieg wäre. Ihr persönlicher Sieg! Sie nahm teil, wurde Letzte und fand es zunächst schlimm, aber im Nachhinein war sie sehr stolz auf sich, und vor allem fürchtete sie keine weiteren Niederlagen.

Manche Ängste hängen also einfach mit unseren überhöhten Erwartungen und Ergebniszielen zusammen. Es gibt jedoch auch Ängste, die tiefer sitzen, die Folgen von sehr stressreichen oder traumatischen Erfahrungen sind (z. B. Unfällen, Krankheiten, Gewalterleben, medizinischen Eingriffen, Verlusten – aber auch vermeintlich kleineren Ereignissen wie stressreichen Prüfungssituationen, Erleben von Unwettern oder sehr schambesetzten Vorfällen). Bis zu 75 Prozent dieser stressreichen Belastungen verarbeiten wir nach einiger Zeit von selbst – darüber reden hilft manchmal, vieles wird auch im Traum verarbeitet. Manchmal hingegen kommt es zu Belastungssymptomen wie Panikattacken, Ohnmachts- oder Schwindelgefühlen, speziell in ähnlichen Situationen. In diesem Fall ist eine körperorientierte Traumabehandlung eine gute Unterstützung zur Verarbeitung von stressreichen Erfahrungen.

Grundsätzlich ist das Erleben von Angst überlebenswichtig. Die natürlichen Angstreaktionen sind Folge von Sinneswahrnehmungen, die im Hirn blitzschnell interpretiert werden und helfen, die Situation als gefährlich oder ungefährlich einzuschätzen. Stellen Sie sich vor, sie gehen im Wald spazieren, und auf einmal kreuzt ein Braunbär Ihren Weg. Sofern Sie jetzt nicht ein routinierter Bärenforscher sind oder es tagtäglich mit Großraubtieren zu tun haben, werden Sie aller Wahrscheinlichkeit ihre Beine in die Hand nehmen, sich für den Kampf wappnen oder im Schreck erstarren. Die physiologische Aktivierung und Energiebereitstellung geschehen in Bruchteilen von Sekunden, ohne dass Sie lange über ihre Reaktion nachdenken würden – denn das rationale Abwägen einer Reaktion wäre in vielen Situationen zu langsam. Sofern Sie die Situation überlebt haben, lässt der Schreck meist rasch nach, und Sie erholen sich.

Falls Sie jedoch sehr viel Stress erlebt haben, nicht fliehen oder kämpfen konnten, sondern in Erstarrung ausharren mussten, hilft es vielen Menschen, wenn sie anschließend über Bewegung die Anspannung abbauen können. Oft erleben Leute das bei Unfällen, manche aber auch bereits auf der Liege des Zahnarztes oder bei einem Blackout in einer Prüfungssituation. Speziell nach dem Erleben von Überwältigung, Kontrollverlust oder auch schmerzhaften Zuständen zittern manche Menschen von alleine. Dies ist eine natürliche und gesunde Reaktion (wenn Sie sich an das Beispiel vom Opossum erinnern), welche laut Traumaforscher Peter Levine eine Form der Entladung ist und dem gesamten Organismus hilft, sich zu erholen. Deswegen sollten wir auch Kinder und Jugendliche nach einem Sturz nicht sofort hochnehmen, außer Erste-Hilfe-Maßnahmen erfordern dies. Wenn möglich, ist es besser, die betroffene Person einen Moment liegen zu lassen, sie zu beruhigen und darin zu bestärken, dass sie auftauchende Körperreaktionen zulässt und zunächst noch etwas liegen bleibt. Das Erfahren von Sicherheit und Fürsorge, aber auch die Unterstützung in der Verarbeitung spielen in der Vorbeugung von unfallbedingten Traumafolgen und Angststörungen eine sehr bedeutsame Rolle.

Bevor wir versuchen, Ängste zu überwinden oder unser Kind dabei unterstützen wollen, ist es hilfreich, zunächst den Ursprung der Angst zu verstehen.

TIPP

Erzählen Sie Ihrem Kind durchaus auch von Ihren eigenen Ängsten und wie Sie diese meistern. Sagen Sie ihm, dass es Angst haben darf, und helfen Sie ihm, diese zu überwinden. Versuchen Sie, die Wurzeln der Angst zu verstehen – sind es überfordernde virtuelle Eindrücke, angstbesetzte Erlebnisse oder verinnerlichter Leistungsdruck usw.? Entscheiden Sie dann gemeinsam, was für Hilfe nötig ist, um die Angst zu überwinden. Manchmal genügt es bereits, wenn Sie Ihr Kind fragen, was es braucht, um sich sicherer zu fühlen, oder wenn Sie ihm Ihre eigenen Beruhigungsstrategien zeigen.

Dem Tod begegnen

Ist es tabu, mit Kindern über den Tod zu sprechen? Nein, aber es ist ein Thema, das Kinder rasch überfordert, und deshalb sollten wir sie nicht von vornherein mit diesem Thema konfrontieren, sondern abwarten, bis sie sich selbst damit beschäftigen, und dann auf ihre Fragen eingehen. Gleichzeitig brauchen wir Kinder nicht davon ablenken, denn Kinder erleben den Tod sowieso und wollen zum Beispiel wissen, ob der regungslose Vogel auf der Straße wieder lebendig wird oder wie sich Sterben anfühlt. Wenn wir achtsam darüber sprechen und sie dabei in ihren Gefühlen wahrnehmen, dann bereiten wir sie auch etwas darauf vor, den Tod als Teil des Lebens anzunehmen.

Wenn Angehörige, Freunde oder Bekannte sterben, ist es wichtig, dass wir es nicht schönreden (wie etwa „Opa ist friedlich eingeschlafen" – manche Kinder bekommen nach so einer Aussage sogar Angst vor dem Einschlafen), sondern ganz klar dem Kind sagen, dass die betreffende Person gestorben ist und nicht wiederkommen wird. Wie ein Kind dem Tod begegnet und wie es trauert, hängt sehr vom Entwicklungsstand ab. Während jüngere Kinder den Tod noch nicht als endgültig begreifen und oft magische Vorstellungen dazu haben, verstehen ältere Kinder und Jugendliche, dass Sterben einen endgültigen Abschied bedeutet. Sie gehen jedoch oft davon aus, dass es nur ältere und kranke Menschen treffen kann.

Bei Kindern und Jugendlichen sind verschiedene Trauerphasen zu beobachten, auch wenn sie die Trauer mehr tröpfchenweise erleben. Während sie im einen Moment noch freudvoll ins Spiel vertieft sind, können sie im nächsten Moment verzweifelt in Tränen ausbrechen. Der Vorteil, den die meisten Kinder uns Erwachsenen gegenüber haben, ist, dass sie sehr im Hier und Jetzt leben – weniger oft in Erinnerungen schwelgen oder sich vor der Zukunft ängstigen.

Im ersten Moment, in dem Kinder vom Tod erfahren, zeigen sie oft gar keine Reaktion, spielen vielleicht sogar einfach weiter. Dies ist ein Schutzmechanismus, der sie vor totaler Überwältigung bewahrt. Erst nach und nach realisieren auch sie, was die Todesnachricht bedeutet. Auf Verlust eines nahestehenden Menschen reagieren sie im weiteren

Verlauf manchmal mit regressivem Verhalten (z. B. Anklammern, Schreien, Bettnässen) oder oftmals auch mit Aggression (z. B. Wutausbrüche, Schuldsuche). Jugendliche ziehen sich hingegen eher zurück oder zeigen risikoreiches Verhalten, manchmal fällt ihnen auch der Kontakt zu Gleichaltrigen in dieser Zeit schwer, weil sie sich anders fühlen.

Es ist gut, wenn Eltern oder andere Bezugspersonen aufrichtig ihre eigenen Gefühle zulassen und auch mit dem Kind gemeinsam weinen. Jüngeren hilft es, im Spiel oder beim Malen Erlebtes zu verarbeiten und wenn Erwachsene sie darin unterstützen, eigene Gefühle zu verbalisieren. Auch die Teilnahme an der Beerdigung und gemeinsame Rituale sollten Kindern offenstehen, aber sie sollten nicht zum Dabeisein gezwungen werden. Außerdem ist es hilfreich, wenn sie darauf vorbereitet sind: auf den ungefähren Ablauf und mögliche Gefühlsausbrüche auch vonseiten der Erwachsenen. Jugendlichen helfen oft Gespräche über das eigene Befinden oder Träume und auch das gemeinsame Erinnern an Erlebnisse mit der verstorbenen Person. Gleichzeitig ist enorm wichtig, Alltagsroutinen weiter einzuhalten und zu vermitteln, dass das Leben in der Gegenwart trotz allem weitergeht.

Sind Eltern selbst sehr involviert, dann ist es für Kinder erfahrungsgemäß eine gute Unterstützung, wenn ihnen in dieser Zeit auch andere vertraute erwachsene Menschen den Rücken stärken und sie begleiten (Onkel, Patin, Cousins usw.). Zusätzliche Hilfe brauchen sie, wenn sie für längere Zeit in Regression verfallen, psychosomatische Beschwerden haben, auffälliges Essverhalten oder Schlafstörungen entwickeln oder an Suizid denken.

Auch wenn die Trauer in Phasen verläuft und vom ersten Schock und Leugnen bis zur Annahme des Todes ein langer Weg liegt, so ist es immer ein individueller Weg. Außerdem ist es wie mit den Jahreszeiten: Sie haben zwar unterschiedliche Gesichter, aber auch im April gibt es bereits warme und sonnige Tage, so wie es im Juli trübe und nasskalte Tage geben kann. Ähnlich ist es auch beim Trauern.

Achten Sie besonders in der Zeit von Trauer auf sich selbst und Ihre Lieben. Tun Sie das, was Ihnen guttut und lassen Sie sich begleiten, wenn es schwer ist. Geteiltes Leid ist meist leichter zu ertragen.

So schwer es fallen mag, versuchen Sie trotz allem die kleinen Freuden in der Gegenwart immer wieder bewusst wahrzunehmen – wie angenehm warme Sonnenstrahlen, die Ihnen den Rücken wärmen.

Resilienz festigen

Haben Sie schon einmal einen lieben Menschen verloren, eine Trennung verkraftet, eine schwere Krankheit überwunden, eine Lebenskrise gehabt, einen Unfall oder eine Naturkatastrophe miterlebt? Vermutlich ja. Und Sie sind damit nicht allein. Schicksalsschläge, Schmerz und Verzweiflung gehören zum Leben und zum Menschsein. Doch warum zerbrechen manche Menschen daran, während andere unverwüstlich scheinen?

Die innere Widerstandskraft, auch Resilienz genannt, macht den Unterschied. Wie bereits hervorgehoben, sind sichere Bindungserfahrungen und das frühe Erleben von Selbstwirksamkeit die allerbeste stärkende Mitgift für Kinder. Diese tragen dazu bei, dass sie eine gute Resilienz entwickeln und auch harte Zeiten im Leben leichter meistern. Das heißt nicht, dass sie keinen Schmerz verspüren oder keine Verzweiflung erleben, sondern ganz im Gegenteil, dass sie diese bewusst erleben – aber gleichzeitig das Gute im Leben wahrnehmen und dieses dankbar annehmen. Außerdem konzentrieren sich resiliente Menschen mehr auf die Dinge, die sie selbst beeinflussen können, und haben auch den Mut, nach Hilfe zu fragen, wenn sie diese benötigen.

Im Grunde verfügt jeder Mensch über ein gewisses Maß an innerer Widerstandskraft, welches manchmal auch als Immunsystem der Seele bezeichnet wird. Außerdem können wir Resilienz zunehmend entwickeln und damit leichter schwierige Phasen meistern, ohne dass wir uns völlig hilflos und ausgeliefert fühlen.

Widmen wir uns den Geheimnissen resilienter Menschen, dazu ein Beispiel: Lucy Hone, eine bekannte neuseeländische Resilienzforscherin, die selbst schwere Schicksalsschläge erlebt hat, zeigt verschiedene Wege auf. Als ihre Tochter im Jugendalter bei einem Verkehrsunfall ums Leben kam, wäre sie trotz ihres ganzen Wissens zur Resilienz zunächst vor einem unüberwindbar erscheinenden Berg gestanden. Sie hätte jedoch rasch bemerkt, wie wenig hilfreich sie das Mitleid anderer Menschen empfand, die alles nur ganz schrecklich und furchtbar fanden; überhaupt Bemerkungen, in denen es hieß, dass der Tod eines Kindes das Allerschlimmste wäre, das einem widerfahren könne, und dass sie nun mindestens fünf Jahre trauern würde oder dass die Beziehung zu ihrem Mann gefährdet wäre (viele Beziehungen gehen laut Statistik auseinander, wenn ein Paar ein Kind verliert). Sie habe entdeckt, dass neben der Trauer und Leere gleichzeitig auch vieles andere wahrnehmbar war, und sie beschloss, das Gute im Leben genauso zuzulassen wie den Schmerz. Sie wollte ihren anderen Kindern ein schönes Leben in der Gegenwart ermöglichen und nach vorne schauen. Sie beobachtete, was sie aufbaute, gönnte sich davon mehr und begriff, was sie dahingegen hinunterzog, weshalb sie davon zunehmend Abstand nahm. So war gemeinsames Erinnern in der Familie zwar mit Traurigkeit verbunden, aber auch ein schönes Ritual; während einsames Blättern im Fotoalbum ihrer Tochter überwältigende Trauer auslöste, wodurch sie dies künftig mied. Ebenso entschied sie für sich, dass ihr energiezehrende Gerichtsverhandlungen mit dem Unfalllenker mehr schaden als nutzen würden …

Wir sehen, es liegt in der Gleichzeitigkeit: einerseits den Schmerz zulassen, ihm einen begrenzten Raum geben – anderseits wieder in den aktuellen Lebensfluss finden, die eigenen Kraftquellen aktivieren und sich besonders auf das konzentrieren, was einen aufbaut.

Wenn es Menschen schlecht geht, vergessen sie oft ihre inneren Stärken und äußeren Ressourcen. Sogar Kinder meinen manchmal, sie könnten nichts finden, was sie freue oder aufbaue. Dann können wir ihnen helfen, indem wir mit ihnen gemeinsam ihren Tagesablauf, ihre Vorlieben, ihre Fähigkeiten und ihre Helfer unter die Lupe nehmen. Damit unterstützen wir sie darin, den Blick auf ihre Möglichkeiten zu lenken und diese zu nutzen.

REFLEXION

Stellen Sie sich in schwierigen Zeiten immer wieder die Frage: „Ist das, was ich gerade tue, schädlich oder hilfreich für mich?" Sie können auch eine kleine Mindmap anfertigen, in der Sie Ihre wertvollsten Kraftquellen und Dinge aufschreiben, die Sie stärken und die Ihnen guttun. Dasselbe können Sie mit Ihrem Kind gemeinsam machen.

Achtsamkeit praktizieren

Wann haben Sie das letzte Mal nichts getan? Nicht gearbeitet, gekocht, gesportelt, gegessen, nachgedacht ... einfach im wachen Zustand gar nichts gemacht und Ihrem Geist eine Ruhepause gegönnt? Viele Menschen kümmern sich mehr um ihr Auto, ihre Haare oder andere Dinge, als Geist und Seele zu pflegen. Dabei sind diese das wertvollste, was wir besitzen. Unser mentaler Zustand entscheidet u. a. darüber, wie glücklich wir im Leben sind, wie wir Beziehungen leben und wie wir in Krisen reagieren.

Manche Krisen zwingen uns zum Innehalten, wir erleben mehr Stress und vielleicht tauchen auch überwältigende Gefühle auf, die schwer auszuhalten sind. Menschen reagieren unterschiedlich darauf: Manche stürzen sich dann erst recht in Arbeit oder lenken sich auf sonstige Weise ab, andere lassen sich von Negativem überrollen und fallen in ein tiefes emotionales Loch. Wie bereits hervorgehoben, wenden sich resiliente Menschen immer wieder bewusst dem Hier und Jetzt zu, können aber auch belastende Gefühle annehmen und regulieren. Dies wird durch eine achtsame Haltung wesentlich erleichtert. Achtsamkeit ist somit ein Schlüssel zum Ganz-präsent-und-fokussiert-Sein.

Mittlerweile wissenschaftlich gut belegt, hilft die Praxis der Achtsamkeit Abstand von Stressreichem zu gewinnen, das eigene Wohlbefinden nachhaltig positiv zu beeinflussen und zu einem stabileren inneren Zufriedenheitsgefühl zu finden.

Aber was ist mit Achtsamkeit überhaupt gemeint? Viele Menschen assoziieren damit spontan das Bild eines Mönchs, der im Schneidersitz meditierend seinen Geist leert … Achtsamkeit hat zwar ihre Wurzeln in der buddhistischen Lehre, aber es gibt viele Wege, achtsames Beobachten im Augenblick zu praktizieren. Mediation ist dabei nur eine Form, eine achtsame Haltung zu üben. Achtsamkeit bedeutet eigentlich nur bewusstes, urteilsfreies Verweilen im gegenwärtigen Augenblick. Achtsam ist man, indem man ganz in der Gegenwart Inneres und/oder Äußeres neugierig wahrnimmt: Sinneseindrücke, Gedanken, innere Bilder, Gefühle, Körperempfindungen. Die Kunst besteht darin, diese Dinge einfach zu beobachten – ohne sie als gut oder schlecht zu bewerten!

Laut J. Kabat-Zinn, dem modernen Begründer der Achtsamkeit, handelt es sich um eine einfache und zugleich hochwirksame Methode, uns wieder in den Fluss des Lebens zu lenken, uns wieder mit unserer Weisheit und Vitalität in Berührung zu bringen. Sehr viele Entspannungsmethoden, auch Therapieverfahren beruhen auf einer achtsamen Grundhaltung. Außerdem gibt es spezifische Programme wie MBSR („Mindfullbased Stressreduction" – achtsame Stressreduktion), in der ganz gezielt Achtsamkeit trainiert wird.

Die Praxis der Achtsamkeit (engl. *mindfulness*) etabliert sich zunehmend auch im Leistungssport. Viele Sportler schaffen es damit, sich besser zu konzentrieren, Stress zu regulieren, leichter in den Flowzustand zu finden und somit bessere Leistungen zu erbringen.

Aber vor allem macht es aus präventiver Sicht Sinn, Achtsamkeit regelmäßig zu üben. Erfahrungsgemäß ist dies eine der bedeutsamsten Ressourcen, die Menschen auch in stressreichen oder schwierigeren Zeiten nutzen können. Wer Achtsamkeit üben möchte, kann ganz einfach mit der äußeren Sinneswahrnehmung beginnen und sich zum Beispiel für eine Minute auf alles Hörbare oder auf den Kontakt zum Boden konzentrieren. Immer dann, wenn ablenkende Gedanken auftauchen, werden diese neutral wahrgenommen, aber nicht vertieft oder bewertet: Die Aufmerksamkeit wird wieder auf die Aufgabe gelenkt. In weiteren Schritten können Sie achtsam auch innere Abläufe wie Ihren Atem, Gedanken oder Gefühle beobachten. Außerdem dürfen Sie achtsam wahrnehmen, wie Sie Körperkontakt und Berührung erleben. Die größte Herausforderung ist schließlich, Achtsamkeit in Momenten höherer Anspannung zu praktizieren, wenn Sie zum Beispiel Ihr Kind gerade ermahnen. Was spüren Sie dabei im Körper? Wie atmen Sie? Welchen Ton hat Ihre Stimme? Was erleben Sie für ein Gefühl? Welche Gedanken gehen Ihnen dabei durch den Kopf?

Gönnen Sie sich zehn Minuten achtsamer Wahrnehmung am Tag für drei Wochen, und beobachten Sie die Wirkung, die Sie erleben.

Emotionale ERSTE HILFE

Sie wissen, wie eine offene Wunde zu versorgen ist? Wie Sie einen Menschen in die stabile Seitenlage bringen? Eine Person reanimieren? Erste-Hilfe-Maßnahmen sind den meisten Menschen zumindest ansatzweise vertraut. Wie Sie sich aber emotional erstversorgen oder andere Menschen begleiten sollten, die gerade dringend psychische Hilfe brauchen, ist selten Thema.

Bei sehr akuten psychischen Krisen, bei denen Menschen Gefahr laufen, sich selbst oder andere zu gefährden, ist es zunächst wichtig, bei dem Betroffenen zu bleiben (es sei denn, die eigene Sicherheit ist gefährdet) und jedenfalls den Notarzt zu verständigen bzw. das betroffene Kind oder den Jugendlichen in eine Anlaufstelle (z. B. Notaufnahme oder Fachambulanz) zu begleiten. Dort werden entlastende Gespräche geführt und bei Notwendigkeit pharmakologische Unterstützung verabreicht, um den psychischen Zustand zu stabilisieren. Bei Unfällen oder anderen traumatischen Ereignissen werden in der Regel Notfallseelsorger oder Notfallpsychologen direkt alarmiert und kommen an den Einsatzort.

In den allermeisten Fällen und weniger akuten Situationen reicht es, wenn wir zunächst für körperliche und psychische Sicherheit sorgen, Kontakt anbieten, eventuell wichtige Bezugspersonen dazu holen und korrekte Informationen geben. Wesentlich ist, dass wir als Erstes uns selbst sammeln und beruhigen, uns einen Überblick verschaffen, damit wir klar denken und sicher handeln können. Auch unverletzte Menschen, die Schreckliches miterlebt haben, stehen oftmals unter Schock. Die Reaktionen darauf können sehr unterschiedlich sein: Manche schreien, weinen oder rasten aus, während andere wie abgeschaltet wirken oder bestens zu funktionieren scheinen. Ob sich aus der überwältigenden Erfahrung eine posttraumatische Belastungsreaktion entwickelt, zeigt sich meist jedoch erst Wochen, Monate – manchmal sogar Jahre – später. Eine schnelle Hilfe und gute Begleitung in der unmittelbaren Situation oder Krise tragen jedenfalls dazu bei, dass Betroffene sich schneller psychisch erholen und keine posttraumatische Belastungsstörung davontragen.

Für die allermeisten Personen ist es wohltuend, wenn in einer Notsituation einfach jemand da ist – nicht ein Haufen Schaulustiger, sondern einfach nur eine Person, die sich einem empathisch zuwendet und Schutz vermittelt. Manchmal kann auch eine leichte Berührung an der Schulter beruhigend wirken, aber dann sollten wir zunächst um Erlaubnis fragen. Für Menschen, die in der Vergangenheit Übergriffe oder Grenzüberschreitungen erlebt haben, können Berührungen extrem stressreich sein.

Um Menschen (Erwachsenen und Kindern) zu helfen, sich aus der Schockstarre zu lösen, unterstützen wir sie dabei, das Hier und Jetzt bewusst wahrzunehmen: sie ansprechen, den Bodenkontakt spüren lassen, nach Sinneswahrnehmungen fragen und dabei helfen, langsam wieder in Bewegung zu kommen, sofern dies der Zustand zulässt. Diese Dinge können wir auch selbst tun, wenn wir in der jeweiligen Situation sind. Von tiefgehenden Entspannungsübungen ist in akuten Situationen abzuraten, weil diese die innere Wahrnehmung von Schmerz und Leid noch verstärken können. Manchmal zeigen sich physiologische Reaktionen wie Zittern, Schwitzen, Weinen – welche zur Entladung und dem Stressabbau beitragen. Je eher Menschen diese Reaktionen zulassen können, umso leichter erholt sich der gesamte Organismus wieder vom Schock.

Sofern möglich hilft es außerdem, wenn Betroffene danach wieder Routinen aufgreifen, angefangene Handlungen zu Ende führen und eigene Ressourcen nutzen können. Damit erleben sie Selbstwirksamkeit und Handlungsfähigkeit, was besonders nach dem Erleben von Kontrollverlust wesentlich ist.

Viele Menschen empfinden es als Schwäche, Hilfe anzunehmen, deswegen brauchen sie manchmal Ermutigung, Hilfe von Nahestehenden oder Experten überhaupt zu akzeptieren – speziell dann, wenn die stressreichen Erfahrungen schon eine Weile zurückliegen oder sie keinen Grund in ihrer psychischen Krise sehen. Das einfache Wiedererzählen des Vorgefallenen oder schwerer Belastungen führen jedoch manchmal zu erneutem Stresserleben. Deswegen wird in einer Traumabehandlung sehr fein dosiert und über körperorientierte Ansätze ganzheitlich begleitet.

Kinder verarbeiten Stürze, Unfälle oder andere stressreiche Ereignisse oft im Spiel. Sofern sie sonst keine besorgniserregenden Symptome zeigen, brauchen sie dazu nicht therapeutisch angeleitet und unterstützt werden, denn sie tun es meist von selbst, wenn sie den

Raum dazu haben und sich sicher fühlen. Wenn wir beobachten, wie sie einen Vorfall immer wieder reinszenieren und nach einem guten Ausgang suchen, dann können wir mit ihnen gemeinsam überlegen, welche Handlung oder Bewegung in der jeweiligen Situation hilfreich gewesen wäre, und diese durchspielen. Bei Kindern bewegt sich in diesem Prozess oft intuitiv der ganze Körper mit, und das ist gut so. Unvollendete Bewegungsabläufe werden so innerlich noch einmal neu abgeschlossen und verarbeitet.

So schilderte mir eine Dreijährige ihren Sturz vom Pferd – mit ihrem ganzen Körper spielte sie den Sturz in Zeitlupe nach, und am Ende rollte sie sich geschickt am Boden ab, wie sie es im Idealfall getan hätte. In Wirklichkeit war sie mit dem Kopf an einen Baum geknallt und hat sich eine Gehirnerschütterung zugezogen, deswegen konnte sie sich auch nicht mehr an alle Einzelheiten erinnern (Kinder widmen sich dann dem Thema, wenn sie so weit sind – wir sollten sie nicht explizit dazu auffordern, über traumatische Erlebnisse zu berichten – wenn notwendig, dann nur im therapeutischen Kontext).

Frischen Sie die Handlungsabläufe Erster-Hilfe-Leistungen immer wieder auf – die körperlichen wie emotionalen. Dies können Sie auch gemeinsam mit Ihrem Kind tun. Kinder lieben es meist, Stofftiere oder Freunde im Spiel zu verarzten.

Psychohygiene lernen

Nicht nur in Notfällen, sondern auch im Alltag widmen wir uns mehr der körperlichen als der emotionalen Hygiene. Selbstverständlich putzen wir uns mehrmals am Tag die Zähne, gehen mit einer tiefen Wunde zum Arzt …, während wir dem Gefühlsleben und seelischen

Verletzungen weniger Beachtung schenken. Dabei gibt es im mentalen Bereich wertvolle Methoden, die helfen, emotionale Krisen zu überwinden.

Die Vernachlässigung oder Überforderung mit emotionaler Erstversorgung beginnt in der Sozialisierung sehr früh. Selbst habe ich das beobachtet, als meine damals vierjährige Tochter mit aufgeschürftem Knie ins Haus kam. Die Schwester hatte sie an die Hand genommen, und gemeinsam eilten sie schnurstracks zum Arzneischrank, holten sich Desinfektionsmittel und Pflaster raus und bestanden darauf, die Wunde selbst zu versorgen. Ich staunte darüber, wie geschickt sie das anstellten. Kurze Zeit später liefen sie wieder vergnügt in den Garten, doch dort gab es Krach mit den anderen Kindern. Meine Vierjährige kam abermals ins Haus gerast, dieses Mal wutentbrannt und alleine. Sie verzog sich in eine Ecke und saß dort beinahe eine Stunde mit griesgrämigem Ausdruck. Bei jeglichem Versuch der Annäherung verfinsterte sich ihr Gesicht mehr. Offensichtlich wusste sie bestens, eine Schürfwunde zu versorgen, hatte jedoch keine Idee, wie sie mit der großen Wut umgehen könnte. Wir trösten Kinder zwar oder versuchen zu beschwichtigen, aber wir bringen ihnen selten bei, wie sie sich emotional auch selbst helfen können.

Dabei können Kinder durchaus lernen, sich selbst zu beruhigen und gut zu sich zu sein – so wie sie auch lernen, sich um andere zu kümmern. Das setzt natürlich voraus, dass ihre Eltern das auch gelernt haben. Viele Erwachsene haben selbst wenig hilfreiche Strategien gelernt, um mit überwältigenden Emotionen, Kritik, Zurückweisung, innerer Leere, Einsamkeit, Ängsten oder Misserfolgen usw. umzugehen.

Manchmal sind die Strategien nahezu selbstzerstörerisch. So würde kaum ein Mensch auf die Idee kommen, sich nach einer Schnittverletzung das Messer noch weiter in die Wunde zu bohren. Bei seelischem Schmerz neigen jedoch viele dazu. Nach einem Misserfolg betiteln sie sich selbst als Versager, nach einer Zurückweisung zweifeln sie an ihrem Selbstwert, nach einem Wutanfall plagen sie sich selbst mit Schuldgefühlen, nach einer Panikattacke sehen sie sich als psychisch gestört, bei Leere grübeln sie sich in die Schlaflosigkeit usw. Das sind alles andere als heilsame und aufbauende Strategien, um mit emotionalem Schmerz umzugehen.

Es gibt zum Glück Alternativen und Wege, die helfen, unser Wohlbefinden rasch zu steigern. Manchmal erfordert dies Training, besonders, wenn sich die negativen Denkmuster und Reaktionen über die Jahre so gefestigt haben, dass sie zur Gewohnheit geworden sind. In diesem Buch haben Sie bereits einiges dazu erfahren. Egal, welchen Weg Sie für sich selbst nutzen und Ihrem Kind weitergeben möchten, er soll für Sie stimmig und wirksam sein. Wenn die angewandten Strategien nicht funktioniert haben, dann probieren Sie in Zukunft andere. In dem Moment, in dem wir uns bewusst werden, dass wir unseren mentalen Zustand selbst beeinflussen können, haben wir auch die Freiheit, das zu wählen, was uns langfristig am besten hilft.

Zu meiner Überraschung lernte meine Tochter sehr rasch neue Wege, um mit ihrer Wut umzugehen. Wut ist eine sehr energiereiche Emotion und im Reflex würden wir am liebsten kämpfen, weshalb wir automatisch die Fäuste ballen und die Kiefermuskulatur anspannen. Demnach hilft es tatsächlich, wenn diese Anspannung zunächst körperlich abgebaut werden kann. Möglichkeiten sind Stampfen, aus dem Raum laufen, in ein Kissen hauen oder der Wut auf verbale angemessene Art und Weise Ausdruck verleihen. Wut hat schließlich eine soziale Funktion, denn in der Regel wurde eine Grenzüberschreitung erlebt. Kinder, die wir dazu zwingen, in diesen Momenten ruhig, diszipliniert und bewegungslos zu sein, beginnen oft, die Aggression nach innen zu richten oder treten in Zukunft erfahrungsgemäß weniger für ihre eigenen Grenzen ein. In einem zweiten Moment, in dem die Wut nachlässt, gibt es wieder mehr Möglichkeiten, mit kühlem Kopf zu entscheiden, wonach einem gerade ist. Als meine Tochter erkannte, dass sie selbst entscheiden konnte, ob sie wütend in einer Ecke ausharren wollte oder etwas Freudvolleres machen, wählte sie immer häufiger die zweite Variante.

Sie kam dann entweder auf meinen Schoß geklettert, erzählte, was sie bewegte, oder kehrte bald wieder ins Spiel zurück.

TIPP

Beobachten Sie, welche Gedanken und Tätigkeiten Ihre eigene Stimmung positiv beeinflussen, und Ihnen helfen, emotionale Tiefpunkte zu überwinden. Gönnen Sie sich jeden Tag Momente wohltuender emotionaler Selbstfürsorge, besonders am Abend vor dem Schlafengehen. Wie wir wissen, werden speziell die letzten Eindrücke des Tages in der Nacht besonders verarbeitet (Schreckensbilder aus den Medien sind daher als Abendritual wenig geeignet). Achten Sie darauf, dass auch Ihr Kind friedlich und sorglos einschlafen kann. Zeigen Sie ihm immer wieder Wege auf und erforschen Sie gemeinsam, wie es auch in schwierigen Momenten gut für sich sorgen kann.

Gemeinsam neue Wege gehen

Es gibt Krisen und Anforderungen im Leben, die uns dazu veranlassen, neue Wege zu gehen. So können Verluste, Trennungen, Arbeitswechsel, Umzüge und Krankheiten lebensverändernde Wirkungen entfalten. Nicht immer erleben wir diese Veränderungen als positiv, obwohl sich dadurch häufig neue Bekanntschaften und Gelegenheiten ergeben.

Den Kindern zuliebe versuchen manche Eltern, solche Veränderungen aufzuschieben, Konflikte oder Beschwerden zu verheimlichen. Auch wenn Kinder wenig zu bemerken scheinen, sie haben feinste Antennen für Stimmungen in der Familie und nehmen manchmal mehr wahr, als wir uns wünschen. Selbst ist es ihnen oft gar nicht bewusst, und sie haben meist auch keine Worte dafür, aber auf unbewusster Ebene leiden sie trotzdem mit. Manchmal plagen Kinder dann auch plötzlich Alpträume, Ängste oder andere psychosomatische Symptome.

Erfahrungsgemäß ist es für Kinder leichter, wenn sie wissen, was vor sich geht und was sie in Zukunft erwartet. Es ängstigt sie viel mehr, ihre Eltern hinter verschlossenen Türen streiten oder weinen zu hören, als wenn Eltern offen und klar in kindgerechter Weise über die jeweilige Situation sprechen. Bestenfalls sind bei solchen Gesprächen beide Eltern dabei und für das Kind da, damit es mit seinen Gefühlen nicht alleine bleiben muss. Dies setzt allerdings voraus, dass Eltern sich darauf geeinigt haben, wie und was sie dem Kind mitteilen möchten, und dass sie dafür gemeinsam die Verantwortung übernehmen, ohne einander zu beschuldigen. Ansonsten werden Kinder schnell zum Spielball. Häufig übernehmen sie die Aufgabe, ein Elternteil in Schutz zu nehmen oder sich auf welche Art und Weise auch immer zwischen die Fronten zu begeben.

Um welche Veränderung es sich auch handelt, Kinder habe ein Recht auf ihre eigenen Gefühle, und diese sollten wir ihnen zugestehen. Auch wenn wir ihren Schmerz, ihre Traurigkeit oder ihre Wut manchmal kaum aushalten wollen, so haben sie doch ein Anrecht darauf. Wir können ihnen in einem ruhigeren Moment zwar auch die Vorteile der Veränderung aufzeigen, aber trotzdem nicht erwarten, dass sie zum Beispiel von einer Trennung oder einem Umzug begeistert sein werden.

Die gute Nachricht ist, dass Kinder sehr viel davon haben, wenn es Eltern trotz Veränderungen auf dem neuen Weg dann gut oder besser geht. Das spüren sie jedenfalls und tun sich dann oft sehr viel leichter, die Veränderung auch selbst anzunehmen. Wichtig ist, dass wir sie nicht alleine zurücklassen, sondern versuchen, sie an die Hand zu nehmen und gemeinsam die Herausforderungen zu meistern. Es hilft, wenn Sie auf dem Weg achtsam das Befinden des Kindes wahrnehmen, ihm zeigen, was Sie selbst der Veränderung abgewinnen können, aber auch, wie Sie mit den sich daraus ergebenden Schwierigkeiten umgehen.

Lassen Sie es sich so gut wie möglich gehen, und genießen Sie miteinander die sonnigen Abschnitte – mit und ohne große Hindernisse am Weg.

💬 Man sieht nur
mit dem Herzen gut.
Das Wesentliche
ist für die Augen
unsichtbar. 💬

DER KLEINE PRINZ, ANTOINE DE SAINT-EXUPÉRY

Schlusswort

👀 Ein Professor händigte die Unterlagen für das Abschluss-examen aus und verursachte einige Verwirrung bei den Studenten. Einer von ihnen sprang auf und rief aufgeregt: „Aber, Herr Profes-sor, das sind ja die gleichen Fragen, die Sie uns bei der letzten Klausur gestellt haben!" – „Stimmt", sagte er, „aber die Antworten haben sich geändert." 👀 (VERFASSER UNBEKANNT)

So wäre es auch, wenn ich die Texte in diesem Buch neu verfassen würde – zu jeder Frage würden einige neue Antworten auftauchen. Wir verändern uns ständig – auch unser Denken, Fühlen und Emp-finden verändert sich. Die vorliegenden Impulse betrachte ich als Blumenwiese, aus der sich jeder das pflücken kann, was ihn anspricht. Als Eltern geben wir immer wieder unser Bestes, wachsen und lernen ständig, ob wir wollen oder nicht. Und unsere Kinder wachsen so oder so meist über uns hinaus … Als Eltern haben wir die Möglich-keit, dies liebevoll wahrzunehmen und unser Kind weniger durch die ergebnisorientierte „Leistungsbrille" zu betrachten.

Quellen und Literaturempfehlungen

Saskia Baisch-Zimmer, Gabriele A. Petrig
Kinder-Mentaltraining: Kinder für das Leben stärken
Beltz (Weinheim), 2011

Maria Holl
Achtsamkeit und Körperwahrnehmung. 30 Bildkarten für Kinder
Don Bosco Medien (München), 2022

Gerald Hüther, Uli Hauser
Jedes Kind ist hoch begabt: Die angeborenen Talente unserer Kinder und was wir aus ihnen machen
Albrecht Knaus Verlag (München), 2012

Jesper Juul
Aus Erziehung wird Beziehung: Authentische Eltern – kompetente Kinder
Herder (Freiburg im Breisgau), 2005

Jesper Juul
Vier Werte, die Kinder ein Leben lang tragen
Gräfe und Unzer (München), 2021

Peter A. Levine, Maggie Kline et al.
Kinder vor seelischen Verletzungen schützen: Wie wir sie vor traumatischen Erfahrungen bewahren und im Ernstfall unterstützen können
Kösel-Verlag (München), 2010

Serena Rust, Stefan Stutz (Illustrator)
Wenn die Giraffe mit dem Wolf tanzt: Vier Schritte zu einer einfühlsamen Kommunikation
Mit einem Vorwort von Klaus-Dieter Gens
KOHA-Verlag (Dorfen), 2006

Daniel J. Siegel, Tina Payne Bryson et al.
Wie Kinder aufblühen: Unterstützen Sie Ihr Kind darin, resilienter, eigenständiger und kreativer zu werden
Arbor Verlag (Freiburg im Breisgau), 2018

Vorträge und Seminare von der Autorin zu den Themen „Umgang mit Leistungsdruck", „Stressbewältigung", „Resilienz" und „Traumapädagogik" gibt es **auf Anfrage bei der Fachstelle Forum Prävention.**

FORUM PRÄVENTION

Das Forum Prävention ist seit über 20 Jahren ein wichtiger Bezugspunkt für die Menschen in Südtirol.

Wir arbeiten in der Gesundheitsförderung, in der Sucht-, Gewalt- und Suizidprävention sowie im Bereich der Essstörungen. Wir bieten zudem Unterstützung für Eltern und Familien in Erziehungsfragen mit einem Schwerpunkt auf digitale Mediennutzung. Für Jugendliche gibt es regelmäßig Freizeitangebote und Sommerprojekte zur Förderung einer positiven Persönlichkeitsentwicklung.
Umsetzung von Projekten, Entwicklung von Konzepten, Fort- und Weiterbildung von Fachkräften, Netzwerkarbeit, regelmäßige Medienbeiträge und vieles mehr sind weitere wichtige Tätigkeiten.

Für Familien bieten wir:
- anonyme und kostenlose Erstberatung und Informationen zu Mobbing und Cybermobbing, Handynutzung, PC-Spielen, Alkohol- und Drogenkonsum, Essstörungen;
- Informationsabende rund um die Themen Pubertät, Erziehung, frühe Kindheit, Leistungsdruck und Stressbewältigung;
- AFZACK-Projekte für Jugendliche.

Wir engagieren uns in Projekten wie „Eltern-Medienfit" und beim landesweiten Aufbau der „Frühen Hilfen". Um familienpolitische Verbesserungen zu erreichen, arbeiten wir in einem engen Verbund mit Familienorganisationen in der „Allianz für Familie".

Weitere Informationen finden Sie auf unserer Webseite, auf Facebook und Instagram.

FORUM PRÄVENTION
Talfergasse 4 – Bozen
T +39 0471 324801
info@forum-p.it
www.forum-p.it